呪いの言葉の解きかた

上西充子

装丁　寄藤文平＋鈴木千佳子

目次

第1章 呪いの言葉に縛られない

「ここ」から逃げ出せないように

1

嫌なら辞めればいいのだろうか

私たちの思考と行動は、無意識のうちに「呪いの言葉」に縛られている。

そのことに気づき、意識的に「呪いの言葉」の呪縛《じゅばく》の外に出よう。思考の枠組みを縛ろうとする、そのような呪縛の外に出よう。のびやかに呼吸ができる場所に、たどりつこう。

それが、本書で伝えたいことだ。

何のための言葉か

たとえば「嫌なら辞めればいい」という言葉。これは、典型的な呪いの言葉だ。

長時間労働や不払い残業、パワハラ、セクハラ、無理な納期、無理な要求――そういう問題に声をあげる者に対して、「嫌なら辞めればいい」という言葉が、決まって投げつけられる。

たしかに辞めるという選択はある。けれども、辞めてすぐに次の仕事が見つかるとは限らない。次の仕事が見つからなければ、生活は行き詰まる。次にまともな仕事が見つかるとも限らない。だから、辞めるというのは、そんなに簡単に選択できることではない。

にもかかわらず、「嫌なら辞めればいい」という言葉を投げつけられると、その言葉は増幅されて自分に迫ってくる。「その仕事を選んだのはおまえだろう。辞めずにいるのも、おまえがそれを選んでいるからだろう。だったら文句を言うなよ。文句を言うくらいなら辞めればいいじゃないか」と。

だが、ひと呼吸おいて考えたい。**「嫌なら辞めればいい」という言葉は、親身なアドバイスではない。**親身になって考えてくれる人であれば、あなたが簡単に辞めることができない事情にも目を向けたうえで、言葉をかけてくれるだろう。

では「嫌なら辞めればいい」は、何を目的として発せられる言葉だろうか。

「嫌なら辞めればいい」と言われると、「それができるなら苦労はしない」と思ってしまう。けれども、そう考えるときに、私たちはすでに相手が設定した思考の枠組みに縛られているのだ。

「嫌なら辞めればいい」という言葉は、辞めずに「文句」を言う者に向けられている。他方で、その言葉を投げる者は、長時間労働を強いる者や、残業代を支払わない者、パワハラをおこなう者、セクハラをおこなう者、無理な納期を強《し》いる者、無理な要求をする者などには、目を向けない。そもそもの問題は、そちら側にあるのに。

だから、「嫌なら辞めればいい」という言葉は、働く者を追い詰めている側に問題があるとは気づかせずに、「文句」を言う自分の側に問題があるかのように思考の枠組みを縛ることにこそ、ねらいがあるのだ。不当な働かせかたをしている側に問題があるにもかかわらず、その問題を指摘する者を「文句」を言う者と位置づけ、「嫌なら辞めればいい」と、労働者の側に問題があるかのように責め立てるのだ。

不当な働かせかたという問題の本質を背景に隠し、「なぜ辞めないのか」という問いの中に相手の思考の枠組みを固定化しようとする。「嫌なら辞めればいい」は、そのような「呪いの言葉」だ。

搦《から》めとられないためには

このように「呪いの言葉」は、相手の思考の枠組みを縛り、相手を心理的な葛藤《かっとう》の中に押し込め、問題のある状況に閉じ込めておくために、悪意を持って発せられる言葉だ。

だから、呪いの言葉を向けられたら、その言葉に搦めとられないことが大切だ。「辞めればいいと言ったって……」と考え始めた時点で、あなたはすでにその呪いの言葉に搦めとられ始めている。

では、搦めとられないためには、どうすればよいだろうか。大事なのは、「相手の土俵《どひょう》に乗せられない」ことだ。「相手の土俵に乗せられている」と気づいたら、そこから降りることだ。

そのことを私に教えてくれたのは、カスタマーセンターの仕事に関わりのある人だった。カスタマーセンターには、理不尽《りふじん》にクレームを言いつのる電話もかかってくる。そういう電話に真正面から向き合っていると、メンタルを病んでしまう。だからカスタマーセンターでは、正当な要求といわれのない要求を見極めたうえで、正当な要求はきちんと受け止め、**悪質クレームについては、相手の土俵に乗せられないように、心理的に距離を置きながら対応する**のだという。そういう心構えが、私たちにも必要なのだ。

問いの次数《じすう》を繰り上げる

「相手の土俵に乗せられている」状態を考えるうえで、思想家の内田樹《たつる》が重要な示唆《しさ》を与えてくれている。どのように答えても「誤答」になってしまう「答えのない問い」が相手から発せられたときの対処術は、「問いの次数を一つ繰り上げる」ことだと内田は語る[*1]。

たとえば「どうして負けたんだ？」と野球チームの監督が部員に問う。あるいは別れ話を持ち出したときに「私のどこが気に入らないの？」と彼女が問う。そういったときに、その言葉を投げかけられた側は、どのように答えても「誤答」になってしまう状況に追い込まれる。

そういうときには、「ひとはどのような文脈において『答えのない問い』を発するのか?」というふうに、問いの次数を一つ繰り上げよ、というわけだ。そして、内田はみずからその問いに答えてみせる。

> ひとが「答えのない問い」を差し向けるのは、相手を『ここ』から逃げ出せないようにするため」である。

と。

「多くの場合、『答えのない問い』は相手に対して権威的立場を保持し続けたい人、相手を自分の身近に縛り付けておきたい人が口にする」のだ、とも内田は語る。そのうえで内田は、可《か》及的《きゅうてき》すみやかに、その問いを発する者が支配する場から逃げ出すことが正解だとする。

相手を出口のないところに追い込んで傷つけるために発せられるこのような「答えのない問い」も、「呪いの言葉」と言えるだろう。ならば、呪いの言葉が投げつけられたときの対処術は、「**なぜ、あなたは『呪いの言葉』を私に投げるのか**」と問うことだろう。そして、「**あなたは私を逃げ出せないように、縛りつけておきたいのですね**」と問い返すことだろう。

自分を縛ってくる者に対して、実際にそう問い返すことは身の危険を伴うかもしれない。けれども、心の中でそう問い返すことによって、呪いの言葉を投げつけられた者は、その言葉の呪縛から一時的にせよ、精神的に距離を置ける。呪いの言葉の呪縛の外に出られる。

呪いの言葉の呪縛の外に出ることができれば、柔軟に考え、行動することができる。「嫌なら辞めればいい」という例に戻れば、それはつまりは、「文句を言わずに働け」という圧力なのだと、理解できる。そして、不当な働かせかたを押しつけてくる相手こそが悪い、と問題をとらえなおすことができる。

さらに、その不当な扱いにどう対抗できるかと発想を変えることができる。労働組合に相談する、公的な相談窓口に相談する、弁護士に相談する――そういうことは、発想を変えて初めて浮かんでくる選択肢だ。その相談から、具体的な状況改善の糸口が見えてくることもある。

若さというのは価値の一つだと思うんです

2

呪いの言葉の解きかた

野党の封じ込め

「呪いの言葉」というキーワードを念頭に置いてみると、労働の場面だけでなく、あちこちに呪いの言葉があふれていた。政治の場面もそうだ。

私は二〇一八年の通常国会において、働き方改革関連法案をめぐる国会審議に注目して、日々、ツイートしていた。長時間労働の是正《ぜせい》をうたいつつも、残業代を払わずに長時間労働させることを可能とする「高度プロフェッショナル制度」の創設を、抱き合わせの一括法案によって実現しようとする、その政府の姿勢に強く反対していた。

しかし、「野党は反対ばかり」「野党はモリカケばかり」「野党は（国会審議を拒否して）一八連休」、そんな表層的な批判が、ツイッターにあふれていた。それに対して野党側から、成立に賛成している法案のほうが多いと反論がなされる状況にあった。

違うのだ。賛成している法案のほうが多いというのは、相手の土俵に乗せられたうえでの反論でしかない。「野党は反対ばかり」と言いつのるのは呪いの言葉なのだから、その相手に返すべき言葉は、「賛成もしています」ではなく、**「こんなとんでもない法案に、なぜあなた方は賛成するんですか？」**なのだ。

そう問い返すことによって、「野党は反対ばかり」と言いつのる相手がねらっていたのは、まともな審議を実現することではなく、野党の指摘を無効化することであると明るみに出すことができる。法案を通したい自分たちの意見を正当化できないからこそ、正当な指摘をおこなっている野党を、そのような呪いの言葉で抑え込みにかかっているのだ。呪いを呪いとして認識すること、呪いの言葉による抑圧の構造を可視化することこそ、必要なのだ。

そう思った私は、さまざまな「呪いの言葉」に対する切り返しかたをツイッター上で募集することにした。「#呪いの言葉の解き方」というハッシュタグを作って、自分でも文例を示して見せた。

若さという呪い

参考にしたのは、ドラマ化されて話題となった海野つなみのコミック『逃げるは恥だが役に立つ』（『逃げ恥』）（講談社、二〇一七年）の、土屋百合《ゆり》の言葉だ（第九巻）。

百合は、結婚も出産もせずにキャリアを手にしてきたが、親子ほども歳が離れた風見涼太から恋愛感情を告げられて心が動く。しかし、みずからの年齢を考えてその思いを受け入れないことを伝えていた。その事情を知らない五十嵐安奈が、風見の彼女のポジションをねらって百合に近づき、こう語る。

―やっぱり 若さというのは 価値の一つだと思うんです

アラフィフの百合に圧力をかける言葉だ。

その言葉に百合は「呪いね」と応じ、こう続ける。

―自分で自分に 呪いをかけているようなものよ
あなたが価値がないと思っているのは この先 自分が向かっていく未来よ
それって絶望しかないいんじゃない？

自分が 馬鹿にしていたものに 自分がなるのはつらいわよ
「かつての自分みたいに 今 周りは自分を馬鹿にしてる」と思いながら
生きていくわけでしょ

そんな恐ろしい呪いからは さっさと逃げてしまうことね
あなたが この先 楽しく年を取っていきたいと思うなら
楽しく生きている年上の人と 友達になるといいんじゃないかな

あなたにとっての未来は 誰《だれ》かの現在であったり 過去だったりするんだから

百合は五十嵐の呪いの言葉に縛られない。逆に、百合を抑圧しようとする五十嵐に対し、それは「呪い」だと告げる。呪いの言葉で相手を支配しようとする、その構造を可視化させる。そのうえで、「あなたが価値がないと思っているのは この先 自分が向かっていく未来よ」と、問いを相手に返していくのだ。

そして、五十嵐にそう語ることによって、百合自身が呪縛から解き放たれていく。

彼女に偉そうに言いながら
一方で 自分の言葉に驚いていた
だって
一番 年齢や周りの目を気にしていたのは
他ならぬ あたしじゃない

そう気づいたあとで百合は、風見のことをどう思っているのかと問う五十嵐に向かって、緊張の取れた笑顔でこう答えるのだ。

大好きよ
あなたもそうなんでしょ？

その下に、この言葉。

するりと言葉がこぼれて
心に気持ちの良い風が吹いた

文例集がサイトに

この百合のように、呪いの言葉を投げかけてくる相手に、切り返していくこと。それができるようになれば、私たちはより自由に、より柔軟に、状況を把握し、恐れや怯《おび》えや圧力から、心理的に距離を置いたうえで、状況への対処方法を考えられるようになるのではないか。

そう考えて、「呪いの言葉」への切り返しかたを文例として集め始めた（二〇一八年六月一八日）。どなたかまとめていただけないだろうかとツイッター上で呼びかけたら、面識のないフォロワーであった@tokitaroさんというかたが、その日のうちに手を挙げてくれて、翌日には「#呪いの言葉の解き方」という素敵なサイトを作ってくださった。*2

その後、さらに文例が増えて、「政治参加・市民運動」編、「労働法制」編、「野党は」編、「いろいろ」編と分けて、文例を収録いただいた。その一部を本書の巻末に付けた。

たとえば、「結局選挙で勝つしかないでしょ?」には、「選挙まで黙っていろと? 嫌です」と切り返してみる。相手の土俵に乗せられずに、こちらを自分の土俵に乗せようとする相手のねらいを俯瞰《ふかん》するかたちで切り返せば、相手の呪いの言葉は無効化できるのだ。

もちろん気持ちのうえで呪縛から距離を置くことができても、現実に自由の身になれるわけではない。けれども、**まずは自分が相手の「呪いの言葉」の呪縛の中に押し込められ、出口のない息苦しさの中でもがいている、その状態を精神的に脱すること**が必要だ。そのための切り返しかたが、ここに集められた文例だ。

なお、これらは呪いの言葉から心理的に距離を置くための思考の柔軟体操なのだととらえていただきたい。こういう言葉で実際に相手に切り返した場合には、逆切れされて反撃される恐れもある。その点は注意していただきたい。

呪いの言葉に抗するには

本書では、「呪いの言葉」とその呪縛の「解きかた」を、労働をめぐる呪いの言葉、ジェンダーをめぐる呪いの言葉、政治をめぐる呪いの言葉の三つに分けて、見ていきたい。

私たちは、呪いの言葉の抑圧の中で、息苦しさを感じながら生きている。無意識のうちに、「逆《さか》らわないのが身のため」「何を言っても、叩かれるだけ」と、自己規制している。けれども、本当にそうやって抑圧されたまま生きなければいけないのか。仕方がないと思わされているだけではないのか。

呪いの言葉があふれている一方で、その呪縛を解こうとする動きも出てきている。セクハラや性暴力に立ち向かう「#MeToo」は、そのひとつだ。声をあげたら攻撃される、そのような風潮の中で、声をあげることを支持し、声をあげた者を支えていく、そういう動きが可視化されるようになってきている。だからこそ、その動きを抑圧しようとする力も、より可視化されるようになってきている。今はその、せめぎあいの時代だ。

だから、勇気ある者が声をあげる、その動きに注目することとともに大切なのは、呪いの言葉の卑劣さを浮かびあがらせ、その呪いの言葉を無効化していくことだ。

本書では、時事問題にふれながら、また映画やドラマやコミックにふれながら、さらに私自身の体験にもふれながら、世の中にあふれる呪いの言葉に目を向け、それらを無効化していく方策を探りたい。

呪いの言葉をあれこれ挙げて、鬱屈《うっくつ》した思いの中に読者をさらに押し込めるのではなく、鬱屈した思いに風を吹き込むこと。それが本書で目指したいことだ。

そのうえで、相手を怯えさせ、萎縮《いしゅく》させ、思考と行動を縛る「呪いの言葉」とは逆に、相手に力を与え、力を引き出し、主体的な言動をうながす「灯火《ともしび》の言葉」にも目を向けたい。さらに、みずからの身体から湧き出て、みずからの生き方を肯定する「湧き水の言葉」にも目を向けたい。

私たちは、「呪いの言葉」に縛られずに生きていくことができる。「灯火の言葉」や「湧き水の言葉」を大切にしながら生きていくことができる。本書を読んでそう思っていただけるなら、嬉しい。

第2章 労働をめぐる呪いの言葉

文句を言うな

1

アルバイト学生の悩み

労働をめぐる呪いの言葉は、目的から見て大きくふたつに分けられるだろう。ひとつは声をあげることを抑圧するもの。もうひとつは、分断を目的としたものだ。

文句を言わずに、懸命に働け。団結して対抗するな。労働をめぐる呪いの言葉は、それらの目的のために、働く者に向けられる。

呪いの言葉の内面化

労働をめぐる呪いの言葉は、アルバイトで働く学生に、すでに無意識のうちに内面化されている。「文句を言うと、職場の雰囲気を壊す」というのが、その典型だ。

私は大学の授業で労働問題をとりあげており、アルバイトでおかしいと思ったことはないか、トラブルに遭遇したことはないか、学生に尋ねている。そして、そういう場合にどう対処したか、何も対処しなかったならばそれはなぜかも、尋ねている。

多くの学生は何らかの問題を指摘する。シフトがなかなか決まらない、シフトを一方的に変更される、シフトを勝手に延長される、土日にシフトに入るよう強く求められる、休憩が取れない、タイムカードを押してから追加の仕事を求められる、残業代が支払われない、給与明細書がもらえない、職場で暴言・暴力・セクハラがある、などなど。

けれどもそれらの問題に対し、辞める以外の方法で対処する者は少ない。なぜか。彼らの声を紹介してみよう。

「文句を言ったり反抗したりすれば、すぐ解雇になると思う」「自分だけ文句を言うわけにはいかなかった」「お店が忙しいと抜けるのが申し訳なくて言い出せない」「自分が引き受けないと、他の誰かにしわ寄せがいってしまう」「自分が辞めたあとの社員とバイト仲間を思うと、問題をこじれさせたくないと思ってしまった」「自分が辞めることで、社員のみならずお世話になった他の先輩にも迷惑がかかると考えてしまう」「バイト先が気まずい環境になるくらいなら、そのバイトを辞める」――。

「文句」や「反抗」という言葉に注目してほしい。これが彼らの語彙《ごい》なのだ。ある学生が、職場の問題に対して自分が何かを言うことを「文句」と表現するので、「ほかの言いかたはないかな？」とまわりの学生にも問いかけてみたことがある。「反発」「反抗」——それらの言葉が出てきて、「他には？」と問い直して、時間をかけてから「……抗議？」という言葉が出てきた。

「文句」と「抗議」では、言葉のニュアンスは大きく違う。「文句」なら、「勝手な言い分」というニュアンスだ。「抗議」なら、相手に問題があり、こちらはそれに対して正当な異議申し立てをおこなっているというニュアンスになる。

「文句」「反発」「反抗」——。そういう言葉でしか表現できないとき、彼らはすでに、働かせる側の視点を内面化しているのだと言える。何か言うことは「逆らう」ことだと、自分自身でとらえてしまっている。そして、「逆らう」ことは職場に「波風」を立てることであり、職場の「雰囲気」や「人間関係」を壊すことにつながるから言えない、と思ってしまう。「文句を言うな」という「呪いの言葉」を、内面化してしまっているのだ。

働かせる側の役割とは

しかし、問題の元はどこにあるのだろうか。休憩を取りたいと願うことや、しつこくシフト入りを迫らないでくれと求めることは、「文句」なのだろうか？

そうではない。それは、使用者[*3]のマネジメントの問題だ。**ちゃんと休憩が取れるように、希**

望しないシフトに入らずに済むように、ゆとりのある人員配置をすること、そのために人を採用し、育成することは、使用者の責任だ。

その責任を使用者が果たさない中で、現場の学生が無理を重ねないと業務がまわらなくなっているのであれば、すでに、あるべき状況を逸脱している。にもかかわらず、その逸脱した状況に対して声をあげることを、学生たちは「文句」や「反抗」という言葉で表現してしまうのだ。

そのとき学生たちには、「これは本来、使用者が対処すべきことに対処していないからこそ起きている問題だ」という状況が、見えていない。「お客さんに迷惑がかからないように適切に対処するのは、現場の責任だ」という使用者側のものの見方を、無意識に内面化してしまっている。そして、その期待に添《そ》わない言動を「文句」「反抗」ととらえてしまうのだ。

そのうえで、「文句」を言ったり「反抗」したりすれば、問題がこじれ、気まずい環境になり、他のスタッフにもしわ寄せがいくことになり、お客さんにも迷惑がかかるからと、自分が我慢することによってそれを防ごうとするのだ。

気持ちよく働けるためには

「文句を言うと、職場の雰囲気を壊す」と思ってしまうと、我慢するか辞めるかしか選択肢がないように見えてしまう。けれども、「使用者が現場に無理を強いていることにこそ問題がある」ととらえることができるようになると、同じ状況が違って見えてくる。「文句を言うと、職場の雰囲気を壊す」のではなく、すでに職場は壊れているのだ。壊れているのに、無理やり、個々人の努力でカバーするように強いられているのだ。

だから必要なのは、気持ちよく働ける職場環境を実現することだ。

一人ひとりの我慢と無理によってなんとか現場をまわすのではなく、お客さんに適切に対応できるだけの人員体制の整備を求めること、それは「文句」ではなく、正当な要求だ。

「文句」という言葉で問題をとらえると、職場の雰囲気が悪くならないように、「文句」を言わずに我慢するか、我慢できないなら辞める、と学生は考えがちだ。

けれども、一定の労働時間に対し休憩を取らせることは使用者の義務であること、当初に合意した曜日・時間以外に働くことを求められてもそれに応じる義務はないこと、そういった労働法はアルバイトの学生にも適用されることを説明すると、[*4]「やっぱり、おかしかったんですね」と思うようになる。自分の「おかしい」と思う気持ちが正当だったことを理解する。

すると、労働法を知らずに使用者の求めるがままに働くことは、怖いことだと考えるようになる。そして、「我慢したあとであなたが辞めても、問題は残り続けて、次の人が同じ目にあうよ。もし状況を改善できたら、あなたも助かるし、他のスタッフも助かるよ」という見かたを示されると、「ああ、そうか」と気づく。

アルバイトのトラブルを扱う授業では、労働弁護士や、誰でも加盟できる地域ユニオンのかたなど、問題解決に動いているかたをゲストに招くようにしている。違法な扱いを受けているとき、それを改めるように求めることは、正当な「権利主張」なのだと語ってもらう。そして、実際の事例を紹介いただくようにしている。

電話での交渉の音声を聞かせていただいたこともあれば、団体交渉のビデオを見せていただいたこともある。すると、学生たちは、強く興味を持つ。我慢するか辞めるかの他に、対処方法があることを、具体的に知る機会は、それまでには、なかったからだ。

団体交渉で労働者の正当な要求に使用者が異を唱えることができない様子を見て、初めて彼らは考え始める。では、自分の職場の問題は、どう解決できるだろうかと。

声を出してみる

とはいえ、問題解決に動くのは、緊張するし労力もかかる。自分に不利益がかかるリスクもある。誰かが状況を改善してくれるならともかく、自分が状況の改善に動くことは、コストに見合わないように見える。だから、何も言わずに辞めることを自分なら選ぶ、という感想が学生から寄せられることもある。

けれども、考えてみよう。問題に向き合って対処するという経験を積んでおいたほうが、あとあと自分のためにもならないだろうか。「嫌なら辞める」という対処法だけを取っていたら、アルバイトならまだよくても、就職後に問題に直面したときに、簡単に辞めるわけにもいかずに困らないだろうか。

いや、実はその前にもハードルがある。就職活動だ。多くの学生は、複数の企業を対象に同時並行的に就職活動をおこなう。内定が出る時期はまちまちだから、第一希望の選考結果が出る前に、他社の内定が出ることもある。正解がない状況のなかで、判断すること、交渉すること、主張すること、断ること——さまざまなスキルが就職活動では必要になってくる。おそらくは、**就職したあとも、結婚したあとも、子育てにおいても、何かしら問題にぶつかって、自分で対処することが必要な局面は、きっと出てくる。**だったら、問題に向き合うという経験は、失敗しても大きな問題とはならないアルバイトのうちから、少しずつ積んでおいたほうがよくないだろうか。

首都圏青年ユニオンの事務局次長だった神《じん》部《ぶ》紅《あかい》は、権利要求の「発声練習」の場が必要だ、と語っていた。[*5]「自己責任」という考えかたを内面化して、人に頼ったり助けを求めたりすることができない若者が、声を出せる場が必要だ、と。彼らはそれを、ひとりの組合員のために他の組合員がいっしょに団体交渉に出向いて、ひとりの権利主張をみんなで支えるという経験の積み重ねに見出《みいだ》していた。

私の場合は、授業でできるのは事例の提供までだ。ゲストのかたに事例を語ってもらうことのほかに、学生のレポートの中にも問題に対処した事例はいくつか見つかるので、それを積極的にフィードバックする。店長の問題をエリアマネジャーに訴えた事例、パートの主婦を巻き込んでいっしょに会社に働きかけた事例、会社のお客様サービスセンターに連絡した事例、新人の育成のための時間を確保させて自分がいなければまわらない職場の現状を変えていった事例——自分と同世代の若者が、問題に対処するために、誰かに働きかけて、実際に状況を改善した事例を紹介する。

そして、「変えることができてよかった」「おかしなことは指摘して変えていける職場こそよい職場だと思う」といった、彼らの声を紹介する。それが、ほかの学生たちの「発声練習」につながることを願って。

そんなことをしたら、店がまわらなくなる！

2

「カラスはやっぱり黒いです！」——『ダンダリン』

過剰な要求

『ダンダリン　労働基準監督官』というドラマをご存じだろうか。日本テレビで二〇一三年に放送されたものだ（脚本・秦《はた》建日子《たけひこ》）。労働基準監督署を舞台に、名ばかり管理職、内定切り、外国人労働者の劣悪処遇、労働法のがれの業務委託契約など、各話ワンテーマで労働問題を取り上げていく、意欲的なドラマだった。

　その第八話のテーマは、「ブラック企業」。大量採用した若者を、低賃金で長時間労働に追い立て、次々に使い潰《つぶ》していく、そういう企業の一例として、「メキシカンファミレスチェーン・アディオス」が登場する。

　アディオスの七富社長が語るのは、「向上心」。新人たちは店長の島根の先導のもと、「ひとつ、人より向上心！　ふたつ、再び向上心！　三つ、みんなで向上心！」と、声を合わせて社訓を唱和する。七富社長はホールでおこなわれる店長研修で、「向上心なき者は去れ！」と強い口調で語る。

いくらか戯画《ぎが》化されているとはいえ、会社が仕事への献身を求めてくることは、珍しいことではない。若者も、正社員として働く以上は学生時代の甘えを捨て、会社の指示に従わなければいけないものと思わされている。

しかし、この会社が求めている「向上心」には、勤務時間外に調理研修やマナー研修など、さまざまな研修を「自主的に」受講することが含まれていた。研修が会社の指揮命令下なら、勤務時間にカウントされ、賃金の支払いが発生すると指摘する主人公の労働基準監督官・段田《だんだ》凜《りん》(竹内結子)に対し、七富社長は、あくまで自由参加の研修だと反論する。ところが、研修の参加率はほぼ一〇〇パーセント。それは強制参加ではないのかと問う段田に対し、七富社長は「ですから、うちの社員は全員、向上心が強いんです」と語り、こう本音をつけ加える。

日本経済が国際競争力を失ったのは、ゆとり教育なんてバカなものが実施されてからだと言われています
やれ、休む権利だとか、それでも時給をあげてほしいだとか
そんなことばっかり言ってるバカを、あなたがたお役所が甘やかすから

――日本はこんなにも、バカばっかりの国になったんです

社長には逆らえないのだろうか

このチェーン店に勤める若手社員の小山田航の母親が労働基準監督署に相談したことをきっかけとして、段田ら労働基準監督官たちは、実情をつかんでいく。一方、店舗での仕事と研修が続き、眠る時間も削られていった小山田は、過労で倒れる。

小山田を病室に見舞った店長の島根に話を聞く段田。新人に社訓を唱和させていた島根も、実は会社のやりかたには違和感を持っていた。

――大量採用して、厳しい研修を課して、ついていけない人間は辞めてもらって結構そんな会社のやりかたに、本当は私もなじめないんです

それでも、島根は若手社員を追い立てていた。そこには、彼自身の葛藤《かっとう》があった。

――でもこの歳でどこかに転職なんてできっこない
だから毎日、羊を追い立てる牧場犬のような仕事をしているんです

「育てているのか潰しているのか、わからなくなるときがあります」と語る島根。「小山田さんも、潰れそうなのでは？」と問いかける段田。その問いに対し、島根はみずからに言い聞かせるように、こうつぶやく。

――彼もここを乗り越えないと
せっかく正社員になったんだから

「今のアディオスが間違っていると思うなら調査にご協力を」と迫る段田に対し、島根は首を横に振り、いらだちを抑えつつ、こう声を絞り出す。

――会社員である以上、どうしようもないんですよ
社長が白だと言ったら、黒いカラスも白なんです！
それが嫌なら、もう辞めるしかないんですよ！

段田は、島根を直視してこう語る。

――島根さん、世界中の人間が白だと言っても、カラスはやっぱり黒いです！

理不尽《りふじん》にも耐えるしかないと考える島根に対し、段田は、間違っていることは間違っている、と迫るのだ。

店長の願い

その後、ドラマでは段田ら労働基準監督官たちが、アディオスの各店の店長に調査への協力を呼び掛《か》けていく。研修の参加状況は社内会議で厳しくチェックされているにもかかわらず、違法性を問われないように、会社は用意周到に、研修は「自由参加」をうたった書面で呼びかけ、参加の強要は口頭でおこない、自由意志による参加であると書類にサインさせていた。

ドラマの終わり近くで、段田らは店長研修がおこなわれているホールに臨検《りんけん》として乗り込み、七富社長に再び研修の違法性を問う。社長は改めて、研修参加は自由意志によるものだと語る。「私は、社員の意思を、常に尊重する男です」と。それを聞く店長らが戸惑いつつ、目を伏せる。

そこに島根店長が、意を決して立ち上がる。そして、お客様へのご案内で大きな声を出すことを忘れたために、社内規定違反として研修を受けさせてくれるよう、求める。

次々に店長らが立ち上がって、同様に研修を受けたいと申し出る。それを受けて労働基準監督署長は、アディオス三〇店、すべての店長から話を聞いてきたことを明かす。そして、社長が今の経営方針を変えないなら、彼らは全員、明日からそれぞれの店舗を休んで、自主的に研修に参加する意思があると語る。

七富社長は、いらだって「ふざけるな、そんなことをしたら、店がまわらなくなる！」と怒《ど》号《ごう》する。そして、「研修は、必ず勤務時間外に受けろと、いつも言っているだろう！」と、つい本音を漏らす。

そうして段田らは、研修が指揮命令下だったことを七富社長に認めさせ、研修時間分の賃金を支払わせる手続きに入っていくのだ。

七富社長が研修は強制だったと認めるのは、島根店長らがこう言って七富社長に頭を下げた後のことだった。

申し訳ありません！
社長、我々店長は、やっぱり、若い連中のことが、かわいいんです
彼らを潰してほしくないんです

スキルアップが大事なことはわかります
でも、大事に育ててやりたいんです

自由意志という名の強制に抗《あらが》い、社員育成のあるべき姿を社長に進言する。島根店長の表情は、真剣だった。

三つ目の選択肢

最後に段田凛は、ホールの店長や、様子を見守っていた小山田ら若手社員に、こう告げる。

皆さん、ひとこと、言わせてください

会社が嫌なら辞めればいいじゃないか
よく簡単に、そういうことを言う人がいます
あるいは、我慢するか会社を辞めるか、会社員にはその二通りの選択肢しかない
とおっしゃるかたもいます

でもそれは、間違いです

本当は、三つ目の選択肢があるんです

それは、言うべきことは言い、自分たちの会社を自分たちの手で、より良いものに変えていくという選択肢です

そして段田は、労働基準法の第1章第1条を読み上げ、同僚の南三条和也（松坂桃李）にも、その続きを読ませる。

第一条　労働条件は、労働者が人たるに値する生活を営むための必要を充《み》たすべきものでなければならない。
○**2**　この法律で定める労働条件の基準は最低のものであるから、労働関係の当事者は、この基準を理由として労働条件を低下させてはならないことはもとより、その向上を図るように努めなければならない。

そして段田凛は、こう締めくくって頭を下げる。

――今回は、各店の店長さんたちの勇気により、会社を一つ、改善することができました

その言葉を、はっとした表情で見つめる島根店長。

働きかたを変える主体は

そう、本来であれば労働条件を改善するのは、「労働関係の当事者」である労働者自身であるのだ。労働者が、ひとりでは使用者に対して立場が弱く、自分の権利を主張することが難しいため、労働基準法は法による労働条件の最低基準を設けて、その基準を守るよう、使用者に義務づけているが、それを守らせるのも、**労働者の役割**なのだ。

このケースでは小山田航の母親が労働基準監督署に相談に訪れているが、本来であれば、出向くべきは社員である航自身だ。また、実際には労働基準監督署は、ここまで懇切丁寧に支援はしてくれないだろう。法を守らせることも、誰かが勝手にやってくれることではなく、労働者である自分たちで求めていく必要があったのだ。

さらに、法が定める最低基準を超えて労働条件をどう改善していくかも、それぞれの職場の

「労働関係の当事者」にゆだねられている。

ひとりでは弱い立場の労働者が、団結して使用者に対して労働条件の改善を求めることができるように、日本国憲法では労働者の団結する権利、団体交渉をおこなう権利、ストライキなどの団体行動をおこなう権利を第28条に定めている。さらに労働組合法第7条によって、労働組合を結成することや労働組合に加入することに対して不利益な取り扱いをおこなうことや、労働組合が団体交渉することを正当な理由なく拒むことなどを不当労働行為として禁じている。

島根店長は、「社長が白だと言ったら、黒いカラスも白なんです！」と、社長には逆らえないと思い込んでいた。若手社員を潰さずに育ててやりたいと思いつつも、「彼もここを乗り越えないと」と、社長の意向を代弁して小山田航らに劣悪な労働条件を押しつけていた。小山田も、耐えるか辞めるかしかないと思い込んでいた。

その島根や小山田らに、「あなたがたこそが当事者ではないのか」と、段田凛は問いかけたのだと言える。

他人《ひと》の目は、そんなに怖いか

実はこの『ダンダリン』第八話には、段田の同僚の南三条和也をめぐるサイド・ストーリーがある。

第七話で南三条は、転落死した男性に労災保険が下りる可能性を考え、遺族に解剖《かいぼう》を勧めていた。しかし、労災は認定されず、解剖された夫の遺体が戻ってこない中での遺族の悲嘆に直面した南三条は、自分の仕事に自信を失って家に引きこもっていた。その南三条が、もう一度仕事に戻ってきたのが、ホールの臨検の場面だったのだ。

帰り道に、南三条が段田にこう尋ねる。

――参りました。段田さんは本当に、容赦《ようしゃ》のない人ですね
どうしたら段田さんのように、強くなれるんですか

それに対し、段田はこう語る。

――私は、強くなんかありません
強いて言うなら、人からどう見られるかを気にしていないだけです

南三条は、遺族のために労災認定を勝ち取ることができなかった。解剖を勧めたことで遺族を苦しめた。そのことから立ち直れずにいた。けれども、失敗から学びつつ、前に進むしかな

いのだ。取るべき行動、進むべき道が自分で見えていれば、他人《ひと》の目を過剰に意識せずに済む。

労働基準監督官として仕事を続けられるのか悩んでいた南三条は、知り合いの社会保険労務士事務所の所長に迷いを語っていた。所長は南三条に対し、一個二〇〇円のリンゴと二〇〇円は、どちらが偉《えら》いと思うか、そしてなぜ偉いのか、と問いかけていた。その答えを、南三条は、最後に自分で所長に告げに行く。

答えは皆さんも、おわかりだろう。

ボーナスか彼女の復職か、多数決で

3

持ち込まれた分断——『サンドラの週末』

『ダンダリン』第八話では、労働基準監督官の段田凛が問題解決を主導したが、ひとりの女性労働者がみずから問題解決に動いた様子を描いたのが、『サンドラの週末』だ（ジャン＝ピエール＆リュック・ダルデンヌ監督、二〇一四年）。ここには、分断と連帯がテーマとして登場する。

私はこの映画を二〇一五年に映画館で観た。皆さんにもできればまず、この先を読まずに、映画を観ていただきたい。そしてどう感じるか、なぜそう感じるか、考えていただきたい。南三条が、「一個二〇〇円のリンゴと二〇〇円は、どちらが偉いか」と考えたように、**自分で考えて自分で気づくというプロセスは、とても重要**だと思うからだ。

憔悴《しょうすい》の中での交渉

映画は主人公のサンドラが、職場の同僚のジュリエットからの電話をベッドで受ける場面から始まる。「ノン！　ジュリエット、ノン！」と短く答えて、サンドラは急いで薬を服用する。気持ちの動揺が抑えられない様子だ。

夫のマニュが急いだ様子で帰宅して、月曜日の再投票を求めるために会社に出向くべきだとサンドラに勧める。サンドラは月曜から復職予定であったのに、会社が従業員に、「サンドラの復職か、一〇〇〇ユーロのボーナスの支給か」の選択を迫り、一六人中一四人がボーナスを選んだのだ。この日は金曜の午後であることがわかる。

その後ジュリエットが社長と交渉し、月曜の無記名再投票が認められることとなり、サンドラは夫の勧めに従って同僚一人ひとりの連絡先を調べ、それぞれの家に出向いて、ボーナスではなく自分の復職のために投票してくれと説得に歩くことになる。週末の土日に、交渉に出向くサンドラの様子が、映画の時間の大半を占める。

強い印象を残すのは、サンドラの憔悴ぶりだ。夫が心配そうに見守る中で、彼女は精神の動揺を抑えるように、何度も薬を飲む。自分の復職のためにボーナスをあきらめてくれと同僚に求めて歩くのは「物乞《ものご》いと同じ」だと、気持ちはすぐに後ろ向きになる。サンドラの復職を支持してくれる同僚も出てくるが、誰もが生活のためにボーナスを必要としている。断られることも多く、「もういい」とあきらめそうになるサンドラを、夫が支え、励ます。しかしサンドラは、服薬自殺まで図ってしまう。

月曜に無記名投票がおこなわれるが、結局、彼女は復職に至らない。

では、彼女のその二日間の努力は、説得して歩く心労は、無駄だったのか。しかし、月曜に会社を去るときの彼女の表情は明るい。では、その週末の二日間は、彼女にとって、どういう意味を持ったのか。

交渉はひとりで

一人ひとりを訪ね歩くサンドラの様子を映画館で観て、私はふたつのことに気づいた。

ひとつ目。同僚の家のドアをノックして交渉するとき、彼女はひとりなのだ。彼女には最初の投票でみずからの復職を選んでくれたふたりの職場の同僚がいる。そのうちのひとりであるジュリエットは、サンドラの復職と一〇〇〇ユーロのボーナスを天秤《てんびん》にかける投票がおこなわれたことをサンドラに、そして夫のマニュに、電話で伝えた。そして、金曜に会社でサンドラが来るのを待ち、サンドラとともに社長との交渉に出向き、声が出ずに立っているだけで精一杯のサンドラのために、みずから掛《か》け合って、月曜の無記名再投票の機会を勝ち取ってくれた。その会社にサンドラを車で送り届けたのは、夫のマニュだった。

けれども、土曜から日曜にかけて、同僚一人ひとりを訪ね歩いて交渉するとき、サンドラはひとりで交渉するのだ。ジュリエットや夫が、いっしょにサンドラのために同僚を説得してくれるわけではない。横で見守るわけでもない。サンドラはひとりで、ドアをノックし、ベルを鳴らすのだ。

土曜の昼に、夫のマニュがレストランで制服を着て、サンドラとふたりの子どもたちとその祖母の四人のテーブルにやってくる場面がある。夫はレストランで勤務中だったのだ。そのあと夫はサンドラのために車を運転し、同僚の家の前まで送っていく。送りはするが、彼は車のなかで待つのだ。日曜も同じだ。

ふたつ目。サンドラは相手がノーと伝えても、それを冷静に受け止める。断る人の多くは、生活のためにボーナスが必要なのだと、はっきり言う。そして、サンドラもその言葉を、理解できるものとして受け止める。サンドラが怒りをぶつけるのは、居留守を使う同僚に対してだけだ。

「厳しい世界だな。大人の世界だな」というのが、映画館で感じたことだった。

当事者ならではの力

その後、改めて見直してみると、通奏低音のように、ふたつのテーマが貫かれていたことがわかった。

ひとつ目のテーマは、「当事者こそが事態を動かす」というものだ。そのことを、同僚のジュリエットも、夫のマニュも、理解している。

復職が投票で否決されたという一報をジュリエットから聞いたマニュは、サンドラに、会社に行くべきだとうながす。サンドラは「無駄よ」と答えるが、マニュは「月曜の再投票を交渉するんだ」「あきらめずに闘《たたか》おう」と求める。

ジュリエットが会社に掛け合ってくれて、金曜の夕方五時に社長と会う約束を取り付ける。しかし、サンドラが会社にたどり着くと、社長は約束を反故《ほご》にして車で会社を出ようとしている。その社長の車を、ジュリエットが呼び止める。

ジュリエットが交渉して月曜の再投票を勝ち取り、社長が去ったあとで、サンドラはジュリエットに、「ひと言も声が出なかった。もう元気だから働きたいと言いたかったのに」と語る。

それに対し、ジュリエットはこう返すのだ。

――きっと社長と会って興奮したのね
でも、姿を見せたから譲歩したのよ

車を出そうとしていた社長を呼び止めたときにも、ジュリエットは社長にこう語っていた。「どうも。サンドラもいっしょです」。そして、「さあ」とサンドラを、社長から見える場所に立たせたのだ。

そうなのだ。状況を変えるのは、サンドラ自身なのだ。**当事者が中心に立たなければ、状況は変えられない**のだ。そのことを、ジュリエットもマニュもわかっている。

サンドラもおそらくは、わかっている。だから、「できない」と言うことはあっても、「いっしょに来て」とは言わない。ジュリエットもマニュも、「いっしょに」とは提案しない。

一度だけマニュが、車に残らず交渉にいっしょに行こうかと提案する場面がある。その前の交渉で同僚の言葉に打ちのめされたサンドラは、車の窓から頭を投げ出して憔悴しきっていた。それでもあきらめずに交渉を、と求めるマニュに、サンドラが「説得するのは私よ」と答える。そこでマニュが「いっしょに行く？」と提案する。けれども、サンドラは「ノン」とつぶやき、もう一度薬を取り出す。「三錠目だ」と指摘するマニュに、「必要だから」と答えて、サンドラは薬を飲み、ひとりでまた交渉に向かうのだ。

自分自身で、一対一で交渉する。その行動をうながしたのは、マニュだ。ジュリエットが月曜の再投票を勝ち取ってくれたあと、金曜の夕方にマニュは、週末に同僚ひとりずつを訪ねて交渉することを、サンドラに提案していた。「月曜に会っても同じよ」とためらうサンドラに、

「皆がいたら一対一で話せない。復職したいし、給料も必要だと。失業はイヤだと言うんだ」と求めたのは、マニュだ。

土曜の朝、サンドラはまず、ひとりの同僚に電話する。「かけてみろ。話を聞く気があるんだ。さあ」とマニュに促されて。

電話の途中でサンドラは「ちょっと待って」と語り、ゆっくり呼吸を整え、意を決してから「仕事を続けたいから私に投票してほしい」と求める。それは相手に、ボーナスをあきらめてくれ、と求めることでもある。やりとりののちに電話の相手が同意してくれる。サンドラの表情が感謝の気持ちにあふれる。

その後の同僚たちとの交渉のプロセスでは、同意してもらえることもあれば、断られることもある。その積み重ねがあったうえでサンドラは、いっしょに行こうかというマニュの提案に応じることなく、ひとりで車から出ていったのだ。

正攻法で対抗する

映画を貫くふたつ目のテーマは、「会社の汚いやりかたに正攻法で対抗する」というものだ。サンドラの復職を阻《はば》んだのは、「サンドラの復職か、一〇〇〇ユーロのボーナスか」を選ばせる、会社が提案した投票だった。しかも現場主任が、ボーナスを選ぶようにと、一人ひとりを脅《おど》したらしい。

ジュリエットからそのことを聞いたマニュは、サンドラに「やりかたが汚《きたな》い」と語る。サンドラの復職がかなわなければ家賃も払えなくなる。「公営住宅へ戻ればいいわ」と語るサンドラにマニュは、「戻ってたまるか。あきらめず闘おう」と応じるのだ。

サンドラは、同僚に一〇〇〇ユーロのボーナスをあきらめてもらうことなど無理だと考える。「サンドラの復職か、一〇〇〇ユーロのボーナスか」という、会社が勝手につきつけた選択肢に、思考の枠組みを縛られてしまう。けれども、マニュは、そのような選択を従業員に強いる会社のやりかたの卑劣さを最初から見抜いている。だから、「闘おう」とサンドラに呼びかけるのだ。

ジュリエットも、会社のやりかたの汚さをサンドラに指摘する。約束を反故《ほご》にして駐車場に向かった社長を呼び止めようと急ぎながら、サンドラに「逃げたのよ。会うと言ったのに」と伝える。

マニュもジュリエットも、会社の汚いやりかたと闘う姿勢が最初からある。そして、汚いやりかたに正攻法で対抗していこうとするのだ。

駐車場でジュリエットは、社長にこう語る。「月曜の再投票をお願いします。主任が広めたんです。あなたが彼女の解雇を望んでいると」。

ジュリエットの後ろにいるサンドラに目を向けた社長は、「言ってない。ボーナスか彼女の復職か、多数決でと。それだけだ。この不景気で、両方は無理なんだよ」と語るが、ジュリエットは、「主任は、彼女がダメでも誰かは解雇するって」と不当さを指摘し、「主任の横やりのない真っ当な投票をすべきです」と、月曜の無記名再投票を勝ち取るのだ。

裏でどのような圧力をかけていようとも、当事者の目の前でそのような圧力の存在は認めるわけにはいかない。そのような社長の事情をわかったうえでのジュリエットの行動が、社長の譲歩を引き出す。

いやいやながら月曜の無記名再投票を認めたあとで、社長はサンドラにこう語りかける。「君は悪くない。アジア勢の太陽光パネルと戦うためだ」。サンドラの復職という当然の権利を阻み、一〇〇〇ユーロのボーナスと天秤にかけて各従業員に選ばせた自身の行為の責任は、「アジア勢」との競争という、もっともらしい口実の裏に、巧妙に隠されている。ずいぶんと勝手な言いぐさだ。

その後、サンドラは同僚の説得に動くのだが、先にも述べたとおり、自分の復職のために同僚にボーナスをあきらめてくれと求めることには、サンドラは強い葛藤がある。「物乞いと同じ」と感じ、自分が交渉に出向くことで同僚とその家族との対立を引き起こしてしまうことに打ちのめされる。

しかし、マニュは「ボーナスを阻《はば》むのは君じゃない。社長の決めたことだ」と、サンドラを説得する。サンドラと同僚との間に分断を持ち込んでいるのが会社側であることが、次第に、映画を観ている私たちにも、サンドラ自身にも、見えてくる。

月曜になって、これから無記名投票がおこなわれるというタイミングで、部屋を出た現場主任とサンドラが、言い合う場面がある。

主任　混乱させて満足か。再投票など、必要ないのに
サンドラ　皆を脅したでしょ
主任　何のことだ
サンドラ　私が復職したら、誰かクビになるって
主任　言うわけない
サンドラ　言ったわ。この週末、電話までして、説得しようとした
主任　何だと？　誰が言った？
サンドラ　誰でもいい。人でなし

会社側は、汚いやり口《くち》を認めない。「誰が言った？」と、さらに圧力をかけてくる。週末を

かけて同僚と交渉を重ねたサンドラは、その圧力に屈しない。会社のやり口の不当性を、正面から指摘する。交渉を「物乞いと同じ」だと語ったサンドラは、もはや、そこにはいない。会社側が意図的に分断を持ち込んだことを、サンドラはもう見抜いている。

分断にノーを

「サンドラの復職か、一〇〇〇ユーロのボーナスか」を選ばせたのは会社側だ。サンドラが復職したら、誰かがクビになると、一人ひとりに電話をかけて脅したのも会社側だ。会社側はそうやって分断を持ち込み、サンドラの復職を阻み、サンドラを排除しようとした。

夫のマニュと、会社の同僚のジュリエットは、そのような会社側のやりかたに対抗するために、再投票を勝ち取り、サンドラが同僚を一人ひとり説得にあたることを励ました。サンドラはそれに応えて、一人ひとりを訪ね歩いた。そして月曜の再投票に至る。

結果は八対八。過半数が取れなかったサンドラの復職は、実現しなかった。けれども、ロッカールームには、サンドラに投票した八人が残った。一人ひとりにサンドラは感謝の気持ちを伝える。この八人は、会社の意向に従わなかったわけだが、無記名投票であっても、もう、サンドラに投票したことを隠そうとはしていない。分断工作に従わずに、連帯をみずから選んでくれた仲間たちだ。

そういう状況が生まれたことは、会社にとって不都合であったのだろう。社長はサンドラを社長室に呼び出し、ボーナスを支払ったうえでサンドラの復職を認めることを告げる。緊張していたサンドラの表情がほぐれる。

けれども、社長は、臨時雇いの労働者を契約更新せずに雇止めにすることによって、サンドラを復職させると告げる。サンドラの表情が硬くなる。

サンドラ　誰かをクビにするなら、断ります
社長　クビじゃない。契約切れになるだけだ
サンドラ　同じこと
社長　違う
サンドラ　失礼します

サンドラが一人ひとりを説得して歩いていたとき、臨時雇いの労働者は、サンドラに投票することによって自分の契約が更新されなくなることを心配していた。それでも彼は、サンドラに投票してくれた。その彼に感謝の気持ちを伝えたあとでの社長のこの申し出は、サンドラには、受け入れることのできないものだった。

闘いを終えて

社長の提案を断ったサンドラは、会社を出て、電話で話している。表情は穏やかだ。「ええ、苦しくなるわね。……今から探してみる。……ええ。お昼を?……ええ、私も。あとでね」と話し、電話を切りかけて、けれどもすぐにまた電話を耳にあて、「マニュ? 聞こえる?」と呼びかけ、足をとめて、サンドラはこう語る。

――善戦したわよね。……うれしい。……私もよ

夫のマニュがサンドラに何を語ったか、それは映画では明かされない。あなたならマニュの言葉を、どう想像するだろう。

――サンドラ、君を誇りに思うよ

私なら、そう、想像する。

残業代という補助金

4

「だらだら残業」という呪い

『サンドラの週末』では、会社はサンドラの復職か、それとも一〇〇〇ユーロのボーナスか、選ぶことを迫った。サンドラの復職を阻みたいわけではないが、ボーナスが必要だという事情を抱えた同僚たちは、葛藤《かっとう》にさらされた。

サンドラは、同僚たちの経済的な事情を理解しつつも、ボーナスではなく自分の復職に投票してほしい、と求めざるを得なかった。サンドラも同僚も、会社が持ち込んだ分断によって、ともに苦しめられた。

そのような分断は、現実にはより巧妙に仕掛けられる。二〇一八年に安倍政権のもとで法制化がおこなわれた「働き方改革」に関連して、以下では「だらだら残業」という「呪いの言葉」を取り上げたい。

「成果で評価」に心が動く

「だらだら残業」という言葉から、あなたは何を想像するだろう。

所定の勤務時間中は適当にさぼっているのに、残業が必要なふりをして定時を過ぎても居残って、ちゃっかり残業代を稼ぐ。そんな会社員を思い浮かべるだろう。あなたの職場にも、もしかしたら、「いるいる」と思い当たる人がいるかもしれない。

自分は処理しきれないほどの仕事を抱えて根《こん》を詰めて仕事しているのに、身近にだらだらと仕事をしている人がいれば、「不公平だ」という思いがつのるだろう。では、「時間ではなく成果で評価する」制度があれば、あなたはその制度のもとで働きたいと思うだろうか。

二〇一八年六月二九日に可決・成立した「働き方改革関連法」により新たに導入されることとなった「高度プロフェッショナル制度」は、働く人のそんな不公平感に訴える形で当初、売り込まれた。「時間ではなく成果で評価するとして労働時間の規制をはずす高度プロフェッショナル制度」というのが、NHKのニュースなどで繰り返されたフレーズだ。

時間ではなく成果で評価してもらえるなら、効率よく仕事を進めて早く帰っても、だらだらと仕事をして残業代を稼ごうとするあの人よりも自分のほうが高く評価してもらえるし、自分の時間も確保できる——そう考えると、よい働きかたのように思える。経営者としても、だらだらと仕事をする人に残業代など支払いたくないだろう。では、高度プロフェッショナル制度は、労働者にとっても経営者にとっても、望ましい働きかたと言えるのだろうか。

高度プロフェッショナル制度を盛り込んだ労働基準法の改正案は、実は安倍晋三首相が記者会見で「働き方改革」を大きく打ち出した二〇一六年八月よりも前の二〇一五年の四月三日に、閣議決定されていた。その閣議決定の日のＮＨＫの夜の『ニュースウォッチ９』は、高度プロフェッショナル制度を法制化したい政権の意向を後押しするような、印象操作の度合いが強い説明をおこなった。以下でその内容を紹介したい。

初めに、「時間」と「成果」が天秤にかけられて示される。「時間」と「成果」、どちらが重視されるべきかと問い、「成果」が重視されるのが新しい制度であると印象づける内容だ。「時間」か「成果」か、と問いを立てられれば、「そりゃ成果だよな……」と多くの人は思うだろう。**実は、高度プロフェッショナル制度は「成果で評価」する制度ではない**のだが、そのことは説明されず、「成果で評価」する制度であるかのように、視聴者は思い込まされる。

そのうえで、同じ仕事量を抱えたふたりのサラリーマンがアニメーションで登場する。

ふたりのデスクの上には、同じ分量の書類の山。Ａさんはその書類の山を、夕方五時に処理し終える。一方のＢさんは、それなりに頑張っている様子なのだが、仕事が遅く、書類の山を処理し終えるのが夜の一一時になってしまう。

そして、ふたりに支払われる賃金の額が札束の山で示される。まずは、同じ仕事量に対して同じ金額。そのうえで、Bさんには残業代として追加の賃金が支払われる。「同じ仕事量なのに、仕事が遅いBさんのほうが多くの賃金を受け取るのは、不公正だ」という印象を視聴者に与えるシーンだ。

そこに新たな制度として「高度プロフェッショナル制度」が登場する。「高度プロフェッショナル制度」が導入されたため、Aさんはいっそう効率的に仕事をこなし、同じ仕事量を三時までに処理して、めでたく退社する。

一方のBさんも、懸命に仕事をこなし、五時には仕事を終わらせる。

ふたりに支払われるのは、同じ仕事量に対して同じ賃金だ。

Aさんは早く帰れるし、Bさんも「やればできるじゃん」ということで、五時に仕事を終える。Bさんが不公正に残業代を受け取ることもなくなり、新しい制度になっても誰も困らない、という想定だった。

労働時間規制の適用除外とは

しかし、このNHKの説明は、あまりにも政権寄りの作り話を紹介したものだった。

実際の**法制度としての高度プロフェッショナル制度は、一定の条件をつけたうえで労働基準**

法による労働時間規制を適用除外するというものでしかない。

適用除外という言葉はわかりにくいので、少し説明が必要だろう。

労働基準法は使用者に、労働者を働かせるうえでのさまざまな縛りをかけている。労働時間については、

第三二条　使用者は、労働者に、休憩時間を除き一週間について四十時間を超えて、労働させてはならない。
○2　使用者は、一週間の各日については、労働者に、休憩時間を除き一日について八時間を超えて、労働させてはならない。
第三四条　使用者は…（中略）…休憩時間を労働時間の途中に与えなければならない。
第三七条　使用者が…（中略）…労働時間を延長し、又は休日に労働させた場合においては…（中略）…割増賃金を支払わなければならない。

など、過重《かじゅう》労働を防ぐための規定が多く盛り込まれている。

それらの労働時間規制をすべて適用除外するということは、**使用者はそれらの規制を気にせずに労働者を働かせてよいということ**だ。

つまり、高度プロフェッショナル制度の場合、一日八時間を超えて働かせてもよく、一週間に四〇時間を超えて働かせてもよく、それらの超過分について割増賃金も払わなくてよい。残業代を払わずに残業させるのは通常の労働者に対してなら違法だが、高度プロフェッショナル制度の労働者に対しては合法なのだ。そもそも一日八時間以内という規制がなくなるので、**「残業」という概念も高度プロフェッショナル制度については、なくなる。**

労働者側に立つ弁護士の団体である日本労働弁護団は、この高度プロフェッショナル制度を**「定額で働かせ放題」**と批判した。[*6] スマホの定額プランと同じ、というわけだ。

スマホの定額プランなら、料金を気にせず使い放題にできる。高度プロフェッショナル制度なら、残業代を気にせず労働者を「働かせ放題」にできてしまう。使用者にとっては嬉しい話だが、労働者にとってはまったく嬉しい話ではない。

にもかかわらず、前出の『ニュースウォッチ9』の説明では、高度プロフェッショナル制度になれば有能な労働者にはハッピーな状況がもたらされるかのように描かれていた。では、どこに嘘があったのだろうか。

登場しない使用者

鍵となるのは、このＮＨＫの説明には登場しなかった使用者の意向だ。

あなたが高度プロフェッショナル制度の労働者を使う側に立ったと考えてみてほしい。一日八時間を超えて働かせても、残業代を支払う必要はない。あなたが先述のＡさんとＢさんを使う立場にいたら、どんなふうに仕事を割り当てるだろうか。

仕事が早くて有能なＡさんに、より多くの仕事をしてもらうためには、これまでは残業代を支払う必要があった。けれども、これからは残業代を支払う必要がない。ならば、効率よく仕事を進めることが苦手なＢさんよりも、有能なＡさんのほうに、より多くの仕事を割り当てたいと思うだろう。

より多くの仕事をＡさんに割り当てたときに、Ａさんがさらに効率を上げて定時に仕事を終えるか、それとも定時を超えて仕事をすることを余儀なくされるかはわからないが、いずれにしても使用者であるあなたは、Ａさんに残業代を支払う必要はないのだ。だったら、Ｂさんよりもさんに仕事を割り当てたい、と思うだろう。一方のＢさんは、もたもた仕事をしていても、もう残業代を支払う必要がないので、あまり気にしなくていい。

そうやってＡさんにより多くの仕事が割り当てられることになると、Ａさんは効率よく仕事を終えて三時に退社することはできなくなる。元の仕事量なら効率を上げて三時に仕事を終わらせて帰宅することができたかもしれないが、仕事量が増えてしまえば、もはやそれは無理だ。

そして、**より多くの仕事量やより高い成果を労働者に求めることは、高度プロフェッショナル**

制度では禁止されていない。

そうなると、NHKの説明ではハッピーだったAさんは、しんどい状況に追い込まれる。Bさんも、夜の一一時までかかっていた仕事を、効率を上げたとしても五時までに終わらせることは、実際には不可能だろう。けれど五時を超えて仕事をしても、高度プロフェッショナル制度なら残業代は出ない。

つまり、実際にはAさんもBさんも、残業代が支払われていた従来の働きかたよりもアンハッピーな状況になる可能性が高い。そのなかで**ひとりハッピーになるのが使用者**だ。

にもかかわらず、使用者はNHKの説明には登場しなかった。

本当のことを言うわけにはいかないからだ。**高度プロフェッショナル制度では、労働者ではなく使用者が一方的に得をする**と本当のことを言うと、世論の反対により、法案が通せなくなるからだ。

使用者を登場させず、大事な論点を隠す。政権の意向に添った印象操作をニュースでおこなう。公共放送としてのNHKの役割が強く疑われるが、そのような印象操作が、その後も「働き方改革」をめぐっては、繰り返されていくことになった。

有能な社員にのしかかる負担

「時間ではなく成果で評価するとして労働時間の規制をはずす高度プロフェッショナル制度」というＮＨＫのお決まりのフレーズに戻ろう。

前述の日本労働弁護団は、これが事実誤認だとして、テレビ・新聞など報道各社に対して、指摘を続けていた。高度プロフェッショナル制度を導入するための法改正の条文に、「成果で評価」することを求める規定など、何もないからだ。にもかかわらず、ＮＨＫはこの表現を使い続けた。なぜなら、安倍政権がこの表現を使い続けたからだ。「として」とは、政権がこう主張している、という意味でしかない。にもかかわらず、法の規定にないことを、政権がそう主張するからと、そのように紹介し続ける。これではプロパガンダだ。ジャーナリズムではない。

つまり、「時間ではなく成果で評価するとして労働時間の規制をはずす高度プロフェッショナル制度」というフレーズは、「呪いの言葉」である。端的《たんてき》に、こう、返しておこう。

「つまり残業代など支払いたくない、というわけですね？」

残業代を支払わなくてもよくなったときに、では使用者は、労働者の働きぶりを、あるいは成果を、より正確に評価して、より公正に報いようとするだろうか？

「成果で評価」というフレーズに、心惹《ひ》かれる人はいるだろう。自分は仕事ができるのに、仕事ができないあの人と同じ報酬しかもらえていない、あるいはより低い報酬しかもらえていない、という不公平感を抱いている人はいるだろう。けれども、高度プロフェッショナル制度が適用されたならば、あなたはより報われることになるのだろうか？

これも使用者の立場になって考えてみよう。有能なAさんと仕事が遅いBさんがいたときに、どちらにも残業代を支払わねばならないのであれば、有能なAさんにも、それほど多くの仕事を任せるわけにはいかない。残業代がかさんでしまうからだ。他方で仕事の遅いBさんに残業代を支払い続けることにも問題意識を持つだろう。残業代というコストを管理する必要から、AさんとBさんの労働時間の管理や評価のあり方を、使用者は熟慮するだろう。

けれども、高度プロフェッショナル制度なら残業代を支払う必要がないのだから、労働時間管理を厳密にする必要がなくなる。Aさんについても Bさんについても、一定額でいくらでも働いてもらえるのなら、文句が出ない限り、評価のコストをかける必要もなくなる。

するとどうなるか。有能なAさんは、より報われなくなり、Aさんの不公平感は、より高まる可能性があるのだ。

残業代を支払う必要がある通常の働きかたであれば、Aさんがより多くの仕事を負担して時間外労働をおこなうことになれば、その時間外労働に対する割増賃金（残業代）を、使用者はＡさんに支払わなければならない。しかし高度プロフェッショナル制度では、Ａさんは、成果を正当に評価してもらえる保証は何もない一方で、割増賃金（残業代）を請求する権利は失うのだ。

そのような不公平感は、実際に労働者の生の声として表れている。高度プロフェッショナル制度は二〇一九年四月施行だが、同じように実際の残業時間に応じた残業代の支払いが不要であるため、**長時間労働になりやすい働き方である裁量労働制**[*7]で働く労働者を対象とした調査の自由記述を見ることによって、今後起こりうることが予測できるのだ。

労働政策研究・研修機構が裁量労働制の適用対象者におこなった二〇一四年の調査[*8]によれば、その働き方が不満であるとする者には、「会社側が残業代を合法的に抑制するための単なるツールとなっている」「残業代の圧縮としかなっていない」など、残業代が残業時間に対応して支払われないことへの不満が多く表れている。

それに加えて注目したいのが、残業代が支払われていた頃よりも、より不公平になった、という声だ。

「技術力や仕事量が異なる人がいる中で裁量ばかりの職場になると仕事量の大小にかかわらず同等の給与となり、まじめな人が損をするりすく《ママ》がある」

「仕事量が直接給与に反映されない制度であり、質と量をどのように評価するのか課題が残る制度だと思う」

「業務の負荷配分が適切でない場合、裁量労働制に名を借りた負荷の不平等が発生する」

より多くの仕事量をこなすように求められるようになり、けれどもそのことが正当に評価されずに、残業代も支払われなくなったことによって、不公平感がより高まっている様子がここから見て取れる。高度プロフェッショナル制度でも、同じ事態は十分に予測可能なのだ。

違法の合法化

こうやって考えてくると、「だらだら残業」という言葉は、仕事ができると自負している労働者が、「あの人は仕事ができない」とみなしている者と自分を差別化したうえで、自分がより高く評価される「はず」の制度を、みずから志向する方向へと誘導する「呪いの言葉」であったとみることができる。

「つまり残業代など支払いたくない、というわけですね？」という「返し」を先に述べたが、二〇一八年の働き方改革をめぐる国会審議において、裁量労働制の拡大や高度プロフェッショナルの創設に反対する抗議行動を繰り広げた若者たちの団体であるＡＥＱＵＩＴＡＳ（エキタス）

は、サウンドデモや国会前抗議行動のなかで、

「働いた分の、カネくらい払え」

と繰り返した。

そうなのだ。「だらだら残業」や「時間ではなく成果で評価する」などと言われると、「効率よく仕事を処理できる自分の仕事ぶりを、より正当に評価してもらいたい」という気持ちに誘導されるが、裁量労働制になっても、高度プロフェッショナル制度になっても、正当な評価がされる保証などないのだ。他方で、残業代を支払わなくても、違法性が問われなくなる、それだけは確実なのだ（ただし、裁量労働制の場合、深夜割増賃金や休日割増賃金の支払いは必要）。

その不都合な事実を隠すために、「だらだら残業」や「時間ではなく成果で評価する」などと、印象操作がおこなわれたのだろう。だから、そのように言いつのってきても、「働いた分の、カネくらい払え」と返せばよいのだ。

高度プロフェッショナル制度の国会審議がおこなわれていた二〇一八年六月二一日に東京新聞朝刊に掲載されたインタビュー記事のなかで、同制度の導入の必要性を説く竹中平蔵東洋大学教授（派遣大手の株式会社パソナグループの取締役会長でもある）は、

時間内に仕事を終えられない、生産性の低い人に残業代という補助金を出すのも一般論としておかしい

と語っていた。

これが強い「呪いの言葉」であることは、もう説明の必要はないだろう。そして、この呪いの言葉は、高度プロフェッショナル制度を受け入れさせるための呪いの言葉であると同時に、通常の働きかたの労働者が残業代を全額請求することを自粛《じしゅく》させる呪いの言葉でもあることにも、注意をうながしておきたい。

残業代なしの働きかたを、みずから選べ

このように、残業したときには残業代を受け取るという、労働基準法が保障している当たり前の権利を放棄させるために、「だらだら残業」や「残業代という補助金」といった「呪いの言葉」が振りまかれた。そして、残業代を請求する権利を放棄して働く「高度プロフェッショナル制度」という働きかたを、みずから選び取ることが推奨されたのだ。

先に見たように、高度プロフェッショナル制度の導入は、「働き方改革」を安倍首相が記者

会見で提唱した二〇一六年八月より前の二〇一五年四月三日に、すでに労働基準法の改正案として閣議決定されていた。その改正案には、裁量労働制の拡大も含まれていた。どちらも労働時間規制を緩和するもので、労働者側ではなく使用者側が求めていたものだ。

けれどもこの法案は「残業代ゼロ法案」と呼ばれ、世論の強い反対にあった。そのため、国会審議にはかけられず、継続審議扱いがずっと続いた。その法案を、世論の反対を招かずに通すために用意されたのが、「働き方改革」という美辞麗句だった。罰則つきの時間外労働の上限規制という労働時間の規制強化と、裁量労働制の拡大や高度プロフェッショナル制度の導入という規制緩和が、ともに「働き方改革関連法案」という一括法案に盛り込まれた。

これを社会民主党の又市征治《またいちせいじ》幹事長（当時）は「毒まんじゅう法案」と呼んだ（二〇一八年一月二一日、NHK日曜討論）。まさに「毒まんじゅう」だった。裁量労働制の拡大と高度プロフェッショナル制度の導入という世論の反対を招く「毒」は、「罰則つきの時間外労働の上限規制」という「皮」にくるまれて隠され、あたかも働く人のための働き方改革を安倍政権が進めるかのように、演出されたのである。

二〇一六年八月三日の内閣改造時の記者会見で、安倍首相は「長時間労働の是正《ぜせい》」と「同一労働同一賃金」を、「働き方改革」の二本の柱であるかのように打ち出し、同年九月から二〇一七年三月にかけての「働き方改革実現会議」では、「毒」にあたる高度プロフェッショナル制度の創設や裁量労働制の拡大は、議論させなかった。そして「働き方改革実行計画」（二〇一七年三月）のとりまとめにあたって、継続審議中の法案の早期成立を図るというかたちで、高度プロフェッショナル制度の導入や裁量労働制の拡大を、報告書の中にこっそりと滑り込ませた。そこでは、高度プロフェッショナル制度が労働基準法の労働時間規制の適用除外であることには一切触れずに、こう書かれていた。

> 創造性の高い仕事で自律的に働く個人が、意欲と能力を最大限に発揮し、自己実現をすることを支援する労働法制が必要である。現在国会に提出中の労働基準法改正法案に盛り込まれている改正事項は、長時間労働を是正し、働く方の健康を確保しつつ、その意欲や能力を発揮できる新しい労働制度の選択を可能とするものである。

「創造性の高い仕事」「自律的に働く」「意欲や能力を発揮できる」など、美辞麗句が並んでいる。「自律的な働きかたを志向する人は、残業代など欲しがらずにこちらを選べ」と言わんばかりの書きぶりだ。

呪ったり、誘ったり。それらの言葉に、うっかり釣《つ》られないようにしたい。

第3章 ジェンダーをめぐる呪いの言葉

君だって「山川家」の一員なんだし

1

「妻」役割をめぐる葛藤——『しんきらり』

「ジェンダー（gender）」とは、生物学的な性差（sex）に対し、社会的な性差を指す。「女は感情的だ」とか「男が泣くのはおかしい」とか、そういうやつだ。

ジェンダーの呪いは、広く蔓延《まんえん》している。第1章で見たように、女性自身が「若さ」に価値を認めようとすることも、そのひとつだ。

以下では、家族役割と職場役割をめぐって、女性と男性を縛っている呪いを、まず取り上げたい。

さらに、二〇一八年におこった財務省セクハラ問題と、それに対抗する動きに、目を向けたい。

わたしは誰か

結婚したあとで、「なぜ、料理を作るのは

私なの?」「なぜ、掃除をするのは私なの?」「なぜ、赤ちゃんが泣いたら、あやすのは私なの?」「なぜ、子どもが熱を出したら、『お迎えに行かなくちゃ』と葛藤しなければいけないのは私なの?」と、悶々《もんもん》とした経験がある女性は多いだろう。

　結婚・出産しても働き続ける女性が増え、家事・育児にかかわる男性が増えているとはいえ、共働きであっても家事・育児の大半を女性が担っている状況には、変わりはない。その中で、「それは、おかしいのでは」とパートナーに向けて問うこと自体を、困難に感じる女性は多いだろう。

　やまだ紫の『しんきらり』は、そうした鬱屈を丁寧に描いたコミックだ。やまだ紫は、一九四八年生まれ。二〇〇九年に亡くなられている。『しんきらり』は、一九八一年から八四年にかけて月刊『ガロ』に発表された[*9]。時代背景は違うが、今の二〇代や三〇代の女性が読んでも、共感できる部分は多いと思う。できれば、まず読んでみてほしい。私は二〇代の頃から、折にふれて、何度も読み返してきた。読み返すごとに、新たな気づきがあった。

　主人公のちはるは、ふたりの女の子の母親。子どものハモニカが見つからない、子どもが近所の子にいやがらせをする、自分がパートで働き始める、家の猫がいなくなる、パートの職を失う、そういう、誰にでもありそうな日常生活が、丁寧に描かれている。

　物語の中で特に大きな出来事が起きるわけではないが、一つひとつの出来事を、ちはるは俯瞰的な視点でとらえ返す。自分を見つめるもうひとりの自分が、常にいる。そのことによって、母としての自分、妻としての自分、働き手としての自分——それらの役割を担う自分と、自分自身とのあいだの違和感や、揺れる思いが、浮き彫りになる。

ひとりで電車に乗ったちはるは、子どもの手を引いていない自分に気づく。

わたし…… 今はじめて 自分の身体《からだ》を 手に入れたよ
自分を手に入れた
なんて大きな 開放だろう

それはひとときの開放であって、そのあとも「お母さん」である自分からは逃れられない。「母親」役割を逃げられないものとして担うちはるは、夫が「父親」役割を都合のよいときしか担ってくれていないことを思う。そして、「母親」役割には、子どもが喜んでくれることや、子どもが成長するという喜びがあるが、自分が「妻」役割を担うことを、夫は当たり前と考えていることに、屈折した思いを抱く。

たとえば「わたしは誰か」という章で、ちはるがこう考える場面がある。

ちはるの夫はこたつに寝転がって「奥さーん」とちはるを呼び、「テレビ5チャンネル」とチャンネルを替えてもらおうとする。それに対して、ちはるは、

――わたしは 日曜がきらいだ
休日には
男一人 くつろいだり
息をするのだって 手伝ってやらなくちゃならない

――コーヒー入れるのは かまわないわ
その間あなた 洗濯モノ干してちょうだい！

と夫に怒りをぶつけるのだ。

さらに夫はどうやら、外で他の女性とも関係を持っている。

――わたしがカテイの こっちの端もってるんだけど
あなた向う端を 荷負ってくれていないみたい

わたしは自由だったんだ

けれども最後にちはるは、夫にまっすぐ向き合って、こう語るのだ。

わたし ずっと前に 貴方《あなた》に捨てられたと思う時があったの
「家庭」というイレモノをつくって その中に すてておかれたって
でもそれは ちがったかもしれないってこの頃 思い直したの
仕事をしてみるようになって 気が付いた……

わたしは自由だったんだ

「わたしは自由だったんだ」。それがこのコミックの、最後の言葉だ。
二〇代の頃は、この最後の言葉の意味がわからなかった。ちはるは離婚するんだろうか、離婚しなくても自由だという意味だろうかと考えた。
けれど、「わたしは自由だ」ではなく、「わたしは自由だったんだ」なのだ。つまり、それまでも自由だった、ということだ。

あなたはこれを、どういう意味だと思うだろうか。

「自分自身が、役割の『呪い』にとらわれていた」——そういう意味ではないかと、今の私は思う。

たとえば、右に紹介した日曜のいらだち。たぶんそのときにちはるは、休日にも「妻」役割を「担わなくちゃならない」ことにいらだっていたのだ。なぜ「妻」役割を休日にまで担わなくちゃいけないのかという思いに、とらわれていたのだ。

しかし、本当に「担わなくちゃならない」のだろうか。「担わなくちゃならない」というのは、自分の思い込みではないのか。自分自身が、「妻」役割に、無意識のうちに、とらわれていたのではないか。そこまで「妻」役割を担わなくても、この夫とは、別の関係性を築いていくことはできるのではないか。その可能性に、ちはるは気づいていったのだと思う。だから、「私は自由だったんだ」と最後に語るとき、ちはるは、その日曜のようにいらだってはいない。すっきりした表情で、夫にまっすぐに向き合っている。

パートで働くことを選んだのは、ちはる自身だ。パートの仕事は結局、会社の事情で続けられなくなるが、その経験は、「妻」役割と「母親」役割を、「当たり前」に担うべきものではなく、意識的に担うものへと、ちはるのとらえかたを変えただろう。

パートの仕事を始めたあとで、ちはるが夫の実家の「家族会議」について意見する場面がある。「わたしも行くのかしら」とちはるが尋ねると、夫は「そりゃそうさ　君だって『山川家』の一員なんだし…」と語る。ちはるは「チョットまって――」と異議をはさむ。

家族のだんらんを介助する「嫁」という人材として扱われるのは嫌だ。あなたの実家で、あなたとあなたの両親と子どもたちが居間でダンランをする間、私は台所で「ヨメ」をして、頃合いを見て我が子にまでお茶を「お持ちする」、そんな身分で「山川家」の「家族会議」に参加するのは嫌だ。「家族会議」に呼ばれるのであれば、私にも台所ではなく、席が欲しい。ちはるは夫にそう求める。

そのちはるの求めに、夫は「わかった！」と応じる。そしてちはるは、こう考える。

時々　この人が　とてもウレシイ相手だと　思う
「わかった」という一言の　大きさが　うれしい
口に出して言い難《がた》い事が　たくさんある
禁句になっている　たくさんのことがらを　よく考えて
小出しに　言ってみる

「妻」「嫁」「家」「親」
叱られやしまいかとやっとの想いで言う
それで――
夫婦ゲンカにならなかったことへ
深く……ウレシイ

ここでちはるがおこなっていることは、「異議申し立て」だ。第2章で見た大学生がアルバイト先のトラブルに対し、「文句は言えない」と考えていたように、ちはるにも異議申し立てをすることへの躊躇《ちゅうちょ》がある。けれども、その躊躇を乗り越えて口にしたことを、夫が受け止めてくれる。そのことを「ウレシイ」と、ちはるも受け止める。

「ちはるは離婚するんだろうか」と考えた二〇代の私は、そんなふうに交渉して状況を打開するという発想がなかったのだと今にして思う。「人間関係を悪くするくらいなら、辞める」と考える大学生と同じだ。それに対し、ちはるは、別れるでも耐えるでもない、交渉するという第三の選択肢を選んだのだと言える。ドラマ『ダンダリン』で、労働基準監督官の段田凛が示した道だ。

そうやって第三の選択肢を選ぶことができたこと、それを夫が受け止めてくれたこと。それが、「わたしは自由だったんだ」という最後のひと言につながるのだと思う。

やまだ紫は、ふたりの娘の母親だった。しかし、この『しんきらり』は自伝的な作品ではない。やまだ自身は、夫の暴力と精神的苦痛に耐えながら、必死で子どもたちを育て、歯をくいしばって仕事をしたという。*10 その後、彼女は離婚。のちに再婚し、そのあとは幸せな時間を過ごしたようだ。

そういう彼女の人生と照らし合わせると、「わたしは自由だったんだ」という最後のひと言は、より深い意味を含んでいるのかもしれない。苦しい日々のなかでも精神的な自由を保とうとした、その強い思いから出た言葉であるのかもしれない。自由なひとりの人間として、パートナーとの関係を築いていきたかった、そういう思いが込められていたのかもしれない。

余った分は貯金に回しませんか

2

家事労働はなぜ無償か──『逃げるは恥だが役に立つ』

家事のお給料はどうなる

『しんきらり』から三〇年ほどのときを経て、海野つなみのコミック『逃げるは恥だが役に立つ』(『逃げ恥』)が、同様のテーマを扱う。[*11] 主人公は、派遣の仕事を失った森山みくりだ。

　みくりにも、自分を俯瞰《ふかん》的に見つめるもうひとりの自分がいる。みくりはときどき妄想のなかで、街頭インタビューを受けるようにコメントしてみたり、『サザエさん』のように次週予告として今後の展開を予想したりする。第一巻の冒頭では、みくりは妄想のなかで、『徹子の部屋』を連想させる番組に出演し、これまでの経歴を遠慮なくたずねるインタビュアーの言葉を受け流せず、追い詰められている。

　就職活動で内定が得られず大学院に進み、臨床心理士の資格を取得したものの、またも就職活動は全滅で派遣社員に。しかし、その派遣の仕事も切られて求職中のみくり。「誰にも必要とされないってつら―――い」とベンチで空を見上げるみくりだったが、父親の元部下が家事代行サービスを求めていることを聞き、三六歳独身の津崎平匡《ひらまさ》の自宅にて時給二千円で掃除の仕事を始める。

そして、みくりの家族が引っ越すことになり、みくりは大胆にも、「住み込みで家政婦」の提案を平匡に行い、結婚前のお嬢さんを……とためらう平匡に対し、「ならばいっそ就職として結婚するというのはどうでしょうねえ」と提案するのだ。つまり、契約結婚（偽装結婚）の提案だ。

ＩＴ企業に勤め、感情を表に出さず、合理的にものごとを考えようとする平匡は、手当や控《こう》除《じょ》など、制度としての結婚のメリットを考慮し、事実婚をよそおうことで合意する。そして二人がいっしょに住む中で、互いの間に「好き」という気持ちが高まり……と物語が展開していく。

みくりと平匡の、魅《ひ》かれ合いながらも一歩を踏み出すことをためらい合う様子が、ドラマ化されて放送された際には「ムズキュン」と形容され、話題となった。しかし、このコミックは、他にもいくつもの読みかたが楽しめる。そのひとつが、「家事労働は無償労働か」というものだ。

みくりは、有償の家事代行サービスの提供者として、平匡に出会った。契約結婚によっていっしょに暮らす中で、互いに「好き」という気持ちが高まり、抱き合う関係となるが、ベッドの中で入籍を平匡から持ちかけられたときに、みくりの頭に最初によぎったのは、給料のことだった。

平匡　いっそもう本当に籍を入れるのってどうですかね
みくり　えっ
平匡　対外的にはもう夫婦なので生活は特に変わらないと思いますけど
みくり　（心の声）そっ　それは　お給料はどうなるのでしょうか…？　もらえるの？　ただ働き？
平匡　まあ　その場合は
みくり　（心の声）どっち？
平匡　風見さんとこで働くのは　やめてもらいたいんですよね…　勝手な嫉妬《しっと》なんですけど　すみません
みくり　（心の声）副収入もなし！

風見は平匡の同僚の男性で、風見の自宅にも、みくりは家事代行サービスに出向いていた。

契約結婚から本当の結婚へ、入籍へと関係を変えるということは、雇い主と従業員という関係から、夫と妻という関係へと転換することを意味している。夫と妻となる以上、そこに給与を支払うという関係が続くという想定は、平匡にはなかっただろう。

しかし、みくりは、これまでは給与を受け取りながら掃除や料理をおこなってきた。それなのに、入籍を機に、それらがすべて無償になるのは、みくりには納得できないことなのだ。

家事も仕事

なぜ家事労働は無償なのかという問いは、通常は意識的に立てられることはない。当たり前に思われている。もちろん、フェミニズムの歴史のなかでは、大きな論点となってきたのだが。

なぜ母親が自分にタダで料理を作ってくれるのかと疑問に持たないで育った男の子は、その母親の役割を妻に期待するようになる。妻が無償で料理を作ってくれ、掃除をしてくれることを、当たり前のように考える。しかし、それを当たり前に求められる女性の側は、もやもやするのだ。みくりがそうであったように。『しんきらり』のちはるがそうであったように。

無償の家事労働は当たり前ではないということは、このみくりと平匡の「契約結婚」「家事代行サービス」という設定によって、ようやく私たちに可視化される。そして、平匡の無自覚性もまた、可視化される。

平匡はみくりに、家事代行サービスの時給を支払い続けてきた。けれども、入籍しようと持ちかけるときに、「労働条件」の変更についての説明をしない。

それは、みくりにとっては納得できないことなのだ。だからみくりは、平匡が高級レストランでプロポーズの言葉を語り出そうとするのを遮《さえぎ》って、こう切り出す。

——籍を入れるってことは 仕事としての家事は どうなるんでしょうか
っていうか お給料は どうなるんでしょうか

そして、これまで有償で仕事としてやってきた掃除や料理を、無償で同じクオリティでやっていくのはハードルが高いことを語る。

——つまりは無償でクオリティが下がるか
有償で 今の状態を保つかということですね

と冷静に問題を整理したうえで平匡は、今までどおり有償で、と答える。

よかったです 言えて
こんなこと言ったら 気分悪くさせるかもって思って
怖かったです

と、みくり。それに対し、平匡は、

大丈夫ですよ
話し合いで 解決できることは話し合いましょう
これまでみたいに

と応じる。
けれども、その夜、ベッドで平匡は、

今まで通りの時給制も いいんですけど
将来のことを考えて お互い定額制の お小遣いにして
余った分は貯金に回しませんか

と提案する。
それに対し、みくりは心のなかで

――――
固定給!!　残業代ゼロ法案出た――!!
結局それって今までと同じ仕事量を少ないお金でやれってことでしょ?
ブラック企業やないか――い!
――――

と叫ぶのだ。なおこの「残業代ゼロ法案」とは、第2章で見た「高度プロフェッショナル制度の創設」を盛り込んだ法案のことである。

共同最高経営責任者（CEO）として

平匡に悪気はない。みくりの家事労働について、低く評価するつもりはない。子どもが生まれたあとの将来設計も考えての提案だ。それはみくりにもわかっている。けれども、みくりは、もやもやするのだ。
みくりはいったん、伯母《おば》の土屋百合のもとに身を寄せ、平匡から距離を置く。そしてみくりは、求職活動が実り、正社員採用に向けた契約社員での就職が決まる。

そのあとで平匡は、みくりが戻ってきていっしょに暮らし、3ヵ月後にその会社で正社員になったら入籍しようと確認し、これからはもう、雇い主と従業員という関係ではなく、ふたりは「共同最高経営責任者（CEO：Chief Executive Officer）」という関係になるのだ、と宣言する。

新生活一ヵ月を経た段階で、ふたりは「経過報告会議」を開き、互いの生活費の提供や役割分担の実情、そこで出てきた不満を率直に語り合い、共同生活のありかたを模索していく。

平匡　話し合って 見直して その都度《つど》 お互いがなるべく楽になるよう 最適化していきましょう

問題があったら また会議で

みくり　最高経営責任者会議で！

平匡　そうですよ

僕たちは この家庭という場所を協力して運営していく 共同責任者なんですから

僕たちは 雇い主と従業員というところから始まりましたけど お互いが働いていて 対等な立場での結婚というのは ある意味 起業かもしれませんね

「契約結婚」というフィクションを経たからこそ辿り着いた新しい夫婦の関係性のありかたが、ここに提案されている。

母親なんだから、しっかりしなさい

3

「母なるもの」が追い詰める

親の過剰な「生真面目《きまじめ》さ」

次に目を向けたいのは、「母親」という「呪い」だ。虐待によって子どもが死亡する、ネグレクト（育児放棄）によって子どもが死亡する、そういう事件が起きるたびに、なぜ子どもを守れなかったのか、と母親に目が向けられる。

なぜ父親は暴力をふるったのか、なぜ父親は子どもを育児放棄したのか、とはあまり問われない。父親が暴力をふるおうとも、子どもを邪険《じゃけん》に扱おうとも、あるいは、離別した父親が養育費を払わない状況であっても、母親には子どもを守る役割があるとして、「母親は何をしていたのだ」と目が向けられるのだ。

そんななかで、なぜ親は虐待（ネグレクトを含む）をおこなうのかと、親の側に丁寧に目を向けているルポライターがいる。杉山春だ。『ネグ

レクト　育児放棄――真奈ちゃんはなぜ死んだか』（小学館、二〇〇四年）、『ルポ　虐待――大阪二児置き去り死事件』（ちくま新書、二〇一三年）、『児童虐待から考える　社会は家族に何を強いてきたか』（朝日新書、二〇一七年）など、「なぜ、親がそんなむごいことを」と思われる事件の背景を丁寧に取材し、著作として世に問うてきた。

杉山が注目するのは、わが子を虐待死させる親たちに共通してみられた**過剰な「生真面目さ」**だ。食事も与えずに放置して子どもを死なせる、そんな親に「生真面目さ」などあるものかと思うかもしれないが、生真面目に「母親」役割や「父親」役割を務めようとし、しかしそこに無理が生じる、その先に虐待が起きているという一面があると杉山は見る。

書かされた誓約書

たとえば、二〇一〇年夏、三歳の女児と一歳八ヵ月の男児が、マンションの部屋に閉じ込められて亡くなった事件（大阪二児置き去り死事件）。子どもたちはクーラーのついていない部屋に押し込められ、部屋と玄関のあいだの戸口には出られないように粘着テープが外側から貼られた跡があった。子どもたちの遺体が発見されたのは、風俗店で働いていた二三歳の母親が最後に部屋を出てから約五〇日後だった。そのあいだに母親は、SNSに遊びまわるようすを投稿していた。

事件後、母親が厳しく糾弾《きゅうだん》されたが、杉山はその母親の別の側面を見ていた。詳しいことは『ルポ 虐待』に記されている。読むのがつらいだろうが、一読をおすすめしたい。

彼女は中学生のときに集団レイプにあっている。しかし、父親にも母親にも、そのことを話さなかった。中学生のときから家出を繰り返した。結婚後、ふたりの子どもはしっかり育てていた。けれども、浮気をして、子どもを置いて家を出て、家に戻ると家族会議が待っていた。夫は離婚の意思はなく、「やり直したい」と語ったというが、彼女は「やっていけない」と口にする。「皆に責められていると感じて、その場から逃げ出したかった」のだという。彼女にも離婚の意思はなかったが、何も言えないままに夫の実家側の意向に添うかたちで離婚が決まってしまう。その場で、彼女はこんな誓約書を書いている。

・子どもは責任をもって育てます。
・借金はしっかり返していきます。
・自分のことは我慢してでも子どもに不自由な思いはさせません。
・家族には甘えません。
・しっかり働きます。
・逃げません。

・うそはつきません。
・夜の仕事はしません。
・連絡はいつも取れるようにします。

自分の意思で書いたものではなく、子どもを育てることになり、書いてと言われたものだということ。「そこにいた皆から言われた気がしました」と彼女は語っている。そのとき、子どもは○歳と二歳。養育費についての話し合いはなく、彼女は父親にも母親にも頼れなかった。どう見ても無理な内容の誓約書だ。けれども彼女は、逆らうことはできなかったという。

孤立状態の中で

ここに列挙されているものは、「**母親たるもの、こうあるべき**」という内容だ。「こうあるべき」と彼女を縛る、「呪いの言葉」だ。その言葉に「ＮＯ」と言えないまま、彼女は子どもふたりを抱えて、孤立無援で生きていくことを余儀なくされた。

この家族会議の場で彼女は、「私には育てられない」と言ったという。けれども、「母親から引き離すことはできない」とその場にいた皆に言われた気がして、「育てられないということは、母親として言ってはいけないことだと思い直しました」と、公判で弁護士の問いに答えている。

あるべき母親像をまわりから押し付けられ、自分でもそれを引き受けなければいけないと思い、実際には引き受けられないと思いつつ、異議申し立てをできずにその場の流れを受け入れてしまった彼女。けれども、現実的な条件を欠いた中で、あるべき「母親」役割を担い続けることは、無理だった。

離婚後、名古屋に移り住んでいたときに、一度だけ彼女は行政に助けを求めている。区役所に電話をかけ、「子どもの面倒が見られないから預かってほしい」と求めたが、担当者が帰った後の時間であり、児童相談所にかけなおすようにと言われた。彼女は児童相談所に電話をかけ、「一度来てください」と言われたが、具体的な日時の指定や段取りの話はなく、その後は、みずから連絡を取ることはなかった。最初の相談先である区役所では、翌日に相談員が折り返しの電話をかけたが、彼女からの応答はなかった。

その後、彼女は大阪に移り住む。風俗店の勤務には、子どもたちを家に置いて出かけた。一審の裁判で「区役所に連絡を取る等、誰かに助けてもらおうとは思いませんでしたか」と弁護士に尋ねられた彼女は、こう語っている。

——思いませんでした。誰も助けてくれないと思っていました。助けてくれそうな人は、——

思いつきませんでした。

助けを求められる条件は

この二〇一〇年の大阪の事件。そして、二〇一四年に、トラック運転手の父親が借りていたアパートで白骨化した男児の遺体が見つかった神奈川県厚木市の事件。さらに、二〇〇〇年に、ともに二一歳の両親が三歳の女児を段ボール箱に入れて餓死させた愛知県武豊町の事件。

その三つの事件をたどってきた杉山は、武豊町の事件と大阪の事件の二人の母親と厚木の父親の三人に、過剰な「生真面目さ」という共通点があると指摘する。

この3人に共通するのは、自分自身の苦しさやつらさを感じ、そこから主体的に助けを求めるのではなく、社会の規範に過剰なまでに身を添わそうとして、力尽きてしまう痛ましい姿だ。本来なら到底実現できようもない目標を自ら設定し、達成しようとする。

3つの事件の親たちの背景をみれば、全員が子ども時代、ネグレクトや暴力的な環境で過ごしている。子ども時代には周囲の大人たちに、十分に自分の気持ちや意見を聞いてもらえないまま育った。育ちの過程で強い社会への不信を抱える。社会への不信は、自分への不信でもある。人に尊重されることを知らない。自分が周囲にものを言っていいということを知らない。環境を変える力があることを知らない。[*12]

困ったことがあるときに、相談できる相手がいること。責められ、自分だけで対処することを求められるのではなく、手を差し伸べてもらえること。そういう、安心して助けを求められる条件を欠いており、助けを求めたときに、助けが得られたという経験を欠いている人が、大きな困難に直面したときに、いきなり適切な対処能力を発揮することは、できない。なのに、事件が起きると世間は、「なぜもっと適切に対処できなかったのか」と当人を責める。当人を責める一方で、安心して助けを求められる条件をどう整備するかには、目を向けない。

母親を降りる

杉山は、さらにもう一歩、踏み込む。「母親が子育てから降りられるということもまた、大切だ」と。できないことを「できない」と言えずに引き受けさせられた大阪の女性は、問題に蓋をして、見ないようにした。その先に待っていたのは、子どもの死だった。

その女性・芽衣さん（仮名）について、杉山はこう語る。

芽衣さんは、離婚の話し合いの場で、「私は一人では子どもは育てられない」と伝えることができれば、子どもたちは無惨に死なずにすんだ。その後も、あらゆる場所で、私は一人では子育てができないと語る力があれば、つまり、彼女が信じる「母なるもの」から降りることができれば、子どもたちは死なずにすんだのではないか。そう、問うのは酷《こく》だろうか[*13]。

杉山の提案を受け入れがたいと感じる人もいるだろう。そんなことを認めてしまったら、育児放棄する女性が続出するのではないか、と。

しかし、安心して子育てができる条件を欠いている女性に対し、「母親なんだから、しっかりしなさい」と叱《しか》ったところで、問題は解決しない。そのことが薄々分かっていながら、母親に子育ての責任を押し付け、それ以上は見ないふりをする。そのとき、私たちは、果たして無関係な第三者なのだろうか。

必要な時間を奪われている人たち

4

仕事の上では破綻《はたん》は見せない——男性を縛る「呪い」

おにぎりを与え続けた父親

右に見たのは、母親による虐待（ネグレクト）の事件だった。杉山が過剰な「生真面目さ」を見て取った別の事件は、父親による虐待（ネグレクト）の事例だ（以下、事件の概要は、杉山春『児童虐待から考える』による）。

二〇一四年に神奈川県厚木市内のアパートの一室で、白骨化した子どもの遺体が見つかる。五歳で亡くなったとみられる優紀君（仮名）は、生きていれば中学一年生だった。父親の健一（仮名・当時三七歳）は、トラック運転手だった。雨戸を閉めきり、ガス、電気、水道が止まり、出入り口がガムテープで閉ざされた部屋のなかに、優紀君は閉じこめられていた。父親は事件が発覚するまで七年以上、月額約六万円の家賃をずっと支払い続けていたという。

優紀君が三歳のときに母親が家を出てから優紀君が亡くなるまでの二年間、この父子はこのアパートの一室で、いっしょに暮らしていた。食事はコンビニで買うおにぎりとパン、ペットボトル飲料。それを出勤の日は一日二回、休みの日は三回与え、その傍《かたわ》らで自分も食事をし、酒を飲んだという。

いつしか家に帰る頻度《ひんど》が少なくなったらしいが、詳しいことはわからない。ある日に仕事から帰り、優紀君が死亡していたのにびっくりしたのだそうだ。精神鑑定では、父親には知的なハンディキャップが認められたという。

仕事の上では破綻は見せない

父親は「市に援助を求めることは頭が回らなかった」「保育園は考えたが、仕事で送り迎えができないと思ってあきらめた」と証言している。

健一は、妻が出ていったことも、優紀君をひとりで育てていることも、実家や会社に伝えていなかった。健一の職場での評価は高く、上位二〇パーセントに当たるAランクだった。残業時間は月に五〇〜六〇時間に及んだ。その間、健一は子どもを暗闇に閉じ込めていた。雨戸を閉めきっていたのは、「生活を外から見られたくなかった」からだという。

この父親・健一について、杉山はこう記している。

気配を消す術を知っていたのだと私は思った。困難を抱える人たちは、周囲に自身の困難を周到に隠す。そして、一人でケアを担う。その上で、仕事の上では破綻は見せない。*14

「仕事がしんどいと思っていた。育児は妥協していたというか、仕方がない部分だったので、育児が嫌だとは思っていなかった。仕事メインで、妥協してもらうしかなかった」と健一は、裁判のなかで証言した。

月に五〇〜六〇時間もの残業があれば、たとえ保育園に預けることができたとしても、保育園の送り迎えもままならないだろう。そのなかで健一は、優紀君を家に残し、「仕事の上では破綻は見せない」ようにした。

「そんな状況は長続きしないことはわかるだろうに」と、あなたは思うだろうか。しかし、この状況からこの父親が事態を打開するには、大きなエネルギーが必要だっただろう。健一の母親は精神疾患を患《わずら》っており、頼れる存在ではなかった。市に援助を求めることには、「頭が回らなかった」という。勤務先に状況を伝えれば職を失うリスクも、考えたかもしれない。

モデルとしての「ケアレス・マン」

男性労働者は職場において一般的に、育児を担う責任がある労働者とは想定されていない。そのなかで健一は、優紀君とふたりで生活していることを、職場にも伝えていなかった。

ここで考えたい言葉がある。「**ケアレス・マン**」だ。二〇一五年に毛塚勝利・浅倉むつ子・浜村彰の三人の労働法学者がおこなった座談会「いまなぜ生活時間なのか？」（司会・龍井葉二）のなかで、浅倉むつ子がこの言葉を紹介している。[*15]

浅倉は、職場の労働者のモデルは「ケアレス・マン」だと語る。「ケアレス・マン」とは、杉浦浩美が『働く女性とマタニティ・ハラスメント』（大月書店、二〇〇九年）のなかで使っている言葉で、他人のケアに責任を持つことなど想定外であるような労働者という意味だと浅倉は語る。

さらに浅倉は、男性は、自分が誰かのケアをしていないだけでなく、自分のケアを誰かにしてもらっている存在なのだと語る。妻が育児や介護を担っていれば、夫である男性は、それらのケア労働から解放される。さらに妻が料理を作り、掃除をし、洗濯をし、アイロンをかけ、日常のこまごまとしたタスクもこなしてくれれば、夫である男性は、みずからの時間を最大限、企業のために捧げることができる。

しかし、「ケアレス・マン」を職場の労働者モデルとすることは、三つの意味で問題だと浅倉は指摘する。

第一に、働きかたが「ケアレス・マン」レベルに達していない労働者を排除してしまう。女性に限らない。病気や障害のある労働者、妊娠・出産する労働者、家族のケア責任を抱える労働者、そういった労働者が「二流労働者」と評価されてしまう。

第二に、ケア労働は生物としての人間にとって不可欠な労働であるにもかかわらず、それが女性に不均衡に押しつけられることによって、女性の労働する権利（有償労働の権利）が侵害されている。そのなかで社会の持続可能性が損なわれている。

第三に、労働者自身が、健康を維持し、市民的活動に参加する時間を奪われる。

そのうえで浅倉は、「ケア労働」を、誰かに押しつけられるものではなく、社会にとって重要な労働だと位置づける。そして、「ケア時間」「教育時間」「社会的時間」のそれぞれが人間にとって必要な時間なのであり、それらの時間を確保するためにも、有償労働に取られる時間は制限されなければいけないと語る。

「ケアレス・マン」の話というのは、それら必要な時間を奪われている人たちです。「ケアレス・マン」はいくら会社のなかで評価され、高い賃金を得たとしても、人間としてはかなり惨《みじ》めで不幸な存在であるのではないでしょうか。*16

厚木市の父親は、仕事のうえでは破綻を見せず、評価の高い仕事ぶりを続けた。けれども、その仕事ぶりと、妻が去ったあとの子育てとは、両立しなかった。両立できるわけがない。

しかし、誰もが自分の健康を維持する時間を必要とし、多くの者が身近な誰かのケアをする時間を必要とし、人間的な生活を送るためには市民活動の時間も必要としているにもかかわらず、それらの時間を必要としない「ケアレス・マン」が、職場のあるべき労働者モデルとして、想定され続けている。

その無理を、この父親の事例は可視化させた。家事を担い、子育てを担うパートナーがいるということは、決して自明なことではない。共働きはふつうのことになってきたし、離婚もありうるし、死別もありうる。パートナーが病気になることも、障害を負うこともありうる。

そういう事態を、「十分にありうること」と想定して、それを許容でき、対応できる職場であるのか。それとも、そういう事態に陥った者を排除し、困難のなかに孤立させる職場であるのか。いまの日本の職場は、まだまだ後者であるように思える。労働者は生活者でもあるということに目を向けず、「働く以上は」と、仕事への献身を求め続けているように思える。

そうでない職場を、そうでない社会を、実現させることは、負担だろうか。実はそのほうが、自分も楽に生きられるのではないか。「ケアレス・マン」として生き続けることは、苦しいことではないか。

なぜもっとがんばれないのか

5

支援を受ける権利

「やりすごす」という対処

大阪の母親は、「育てられないということは、母親として言ってはいけないことだ」と考えた。厚木市の父親は、「仕事メインで、妥協してもらうしかなかった」と語った。彼らは、現実的な条件を欠いているにもかかわらず、「できない」と言えず、「できない」状況に蓋《ふた》をして見えないようにして、やりすごそうとし、そして破綻したように見える。

「できない」と言えずに、状況を打開できず、「仕方がない」と状況を背負い込んでいく――状況の打開はさらに困難になるが、それでも、考えても苦しいだけだからと、見ないふりをしつつ、やりすごそうとしていく。実はそういう弱さは、誰でも多かれ少なかれ抱えているものではないか。

虐待で子どもを死なせた親を、自分とは異なる冷酷さに満ちた人物のようにとらえる。あるいは、過労自死に追い込まれた者を、「嫌なら辞めればよかったのに」と見る。そうやって人は、「それは自分とは違う人のことだ」ととらえ、問題を切断しようとする。

しかし、では自分なら同じ状況で、適切に対処できただろうか。

もう少し身近な問題で考えてみよう。

バイト先から、なんとか土曜も入れないか、なんとか日曜も入れないか、としきりにＬＩＮＥで連絡が来るので、それを断るのが心理的にしんどくて引き受けてしまうという学生。給与の支払い額が不明瞭なのだけれど、辞めるとは怖くて言い出せず、続けるしかないと考える学生。交際相手が支配的で心理的に追い込まれるのだが、別れたいと言い出すとどんな目にあうかわからないので、交際を続ける女性。高圧的な上司にどなられるのだが、なんとか辞めずに働き続けないと生活が破綻すると考える男性。

そんな例は、実は身近にいくらでもあるのではないか。そしてまた自分も、同じように、何らかの困難を抱えつつ、それをやりすごしているのではないか。

そういう状況と、ネグレクト（育児放棄）で子どもを死なせてしまったり、自死に追い込まれたりすることとは、まったく切断された別のことではなく、ひとつの幅を持ったグラデーションの中の、色合いの濃さの違いだけではないのか。そうだとすれば、それは、私にとっても、あなたにとっても、ほんとうは他人事《ひとごと》ではないはずだ。

〝溜《た》め〟の厚さと薄さ

困難な状況に陥ったときに、転校する、引っ越しをする、転職する、離婚する――そういった方法で「リセット」が可能な場合もある。けれども、無理な場合もある。貯金がなければ転居もままならない。転職もそうだ。当面の生活費がない状況では、今の仕事を辞めることもままならない。

お金がなくても、助けてくれる親や友人がいれば、なんとかなることもある。保育園に空きがあり、送り迎えを担ってくれる人がいれば、保育園に子どもを通わせつつ仕事を続けることができる場合もある。

けれども、助けてくれる人もなく、蓄《たくわ》えもなければ、今の状況を打開できないまま、次第に身動きが取れなくなる。そういう事態は、他人事ではない。

こういう問題を考えるときに、ヒントになる考えかたがある。湯浅誠が言う〝溜め〟だ(『反貧困――「すべり台社会」からの脱出』岩波新書、二〇〇八年)。

この〝溜め〟とは、溜池の「溜め」だ。大きな溜池があれば、雨が少なくても大丈夫だが、溜池が小さければ少々の日照りでも田畑が干上がり、深刻なダメージを受ける。つまり〝溜

め〟は、外界からの衝撃を吸収してくれるクッション（緩衝材）**の役割を果たすとともに、そこからエネルギーを汲《く》み出す諸力の源泉となる**と湯浅は語る。

お金はその〝溜め〟の代表だが、他にも有形・無形のさまざまなものが〝溜め〟の機能を有している。湯浅によれば、頼れる家族・親族・友人がいるというのは、人間関係の〝溜め〟だ。自分に自信がある、何かをできると思える、自分を大切にできるというのは、精神的な〝溜め〟だ。

湯浅は貧困状態に至る背景には「五重の排除」がある、と語る。

第一に、教育課程からの排除。この背後にはすでに親世代の貧困がある。

第二に、企業福祉からの排除。雇用機会が得られないこと、あるいは雇用されていても食べていけない状態に陥っていること。低賃金、不安定雇用、雇用保険・社会保険からの排除、福利厚生からの排除、労働組合からの排除など。

第三に、家族福祉からの排除。親や子どもに頼れないこと。

第四に、公的福祉からの排除。生活保護行政が窓口で追い返す「水際作戦」を取っている現状が批判されている。

そして、第五に、自分自身からの排除。第一から第四の排除を受け、しかもそれが自己責任論によって「あなたのせい」と片付けられ、さらに自分自身がそれを内面化して「自分のせい」ととらえてしまう場合、人は自分の尊厳を守れずに、自分自身を大切に思えない状態にまで追い込まれると湯浅は語る。

なかなか他人の〝溜め〟の厚さは見えない。だから、「それぐらいのこと、なぜもっとがんばれないのか」「もっとしっかりしろ」と、私たちは自分を基準に相手を責めてしまう。自分が身につけている〝溜め〟の厚さに無自覚なままに、相手が身につけている〝溜め〟の薄さには目を向けられずに、「自分にはできたのに、おまえはなぜできないのか」と求めてしまうのだ。

けれども、職を失ったり蓄えを失ったり人間関係を失ったり――そうやって〝溜め〟が失われていけば、自分もまた、自分自身からの排除にまで追い込まれる。その可能性から目を背《そむ》けることは、いつか自分の身に降りかかるかもしれない災難を、見ないふりをしつづけることだ。

厚木市の父親は、〝溜め〟が薄かった。妻は家を出てしまった。親には頼れなかった。仕事では月に五〇～六〇時間もの残業があった。知的なハンディキャップもあったようだ。公的機関に相談するということは、思いあたらなかった。

そのように〝溜め〟の薄い彼が、職場では上位二〇パーセントに当たるAランクの働きぶりを見せた。しかし、仕事の上で破綻を見せないために、雨戸を閉めきった家のなかに優紀君を残し、毎日おにぎりやパンとペットボトル飲料を与え続けた。

では、どうすればよかったのか、と考えてみてほしい。彼はどうすればよかったのか。社会はどうすればよかったのか。どうすれば、彼は優紀君を死なせずに済み、優紀君は死なずに済んだのか。

支援を受けながら生きる

ここで、杉山春の著作の内容を深く受けとめていると思われる、ある匿名の女性のツイートを、要約して紹介したい。

そのかたは、お子さんとの関係を適切に保つために、支援を受けることが大切だと思ったと記していた。自分には治療を受ける権利があり、専門的な支援を受けながら育児をしていきたいのだ、と。これは、とても大切な視点だ。

「呪い」に縛られていると、自分でなんとかしなくてはいけないと思い込まされ、できない自分の姿は、見せてはいけないのだと思い込まされる。そうやって問題を閉じてしまう。そうではなく、**問題を「開く」こと、ひとりではできないことは「できない」と言い、適切な助けを求めることこそが大切**なのだ。自分の薄い〝溜め〟を補うためにはどうすればよいか、どこに助けを求めればよいか、というとらえかたが大切なのだ。

日本国憲法第25条は、「すべて国民は、健康で文化的な最低限度の生活を営む権利を有する」

と定めている。けれども、憲法に定めがあるからといって黙っていても支援を受けられるわけではない。あなたが健康で文化的に生きられるために、あなたには支援を求める権利がある。

そのように言うと、「甘えている」と考える人もいるだろう。

しかし、では自分の〝溜め〟の厚さとその人の〝溜め〟の厚さはどうなのだろう、と想像してみてほしい。精神論を説こうとする人は、厚い〝溜め〟に守られつつ、それを自覚しないままに、〝溜め〟が薄い人に対して、がんばることを求めていないだろうか。厚い〝溜め〟に守られているということは、厚い支援に囲まれているということだ。

だから、厚い〝溜め〟に守られている人は、〝溜め〟が薄い人にがんばることを求めるよりも、金銭的な〝溜め〟、人間関係の〝溜め〟など、その人が持つことができていないものを、どうやって社会的に補っていけるのかを考えることが大切だろう。

あるいは、「甘えている」と考えるあなたは、自分も〝溜め〟が薄いままに、〝溜め〟が厚い人が語る「甘えるな」「がんばれ」という言葉を、内面化してきたのかもしれない。だとしたら、あなたのその孤独ながんばりを他者にも強いるよりも、同じような孤独ながんばりを強いられる人を減らすことのほうが、求められる方向性なのではないだろうか。

「面倒」な私たち

ここで紹介しておきたい言葉がある。ジャーナリストの安田浩一氏が、私の授業で学生に語った言葉だ。

私は大学一年生向けの授業で、安田氏の『ルポ　差別と貧困の外国人労働者』（光文社新書、二〇一〇年）を取りあげたことがある。技能実習生として日本で働く外国人が、違法な低賃金で、外出の自由もなく、転職もできずに長時間働かされている。そういう現実が前半で描かれており、後半では、かつて日本人が移民としてブラジルに渡った歴史と、そのブラジルから日系ブラジル人が労働力として日本に迎え入れられている現状が描かれている。

授業では、技能実習生の置かれた劣悪な処遇に構造的な問題を見る者もいたが、来日する前に実情はわからなかったのか、と問う者もいた。自己責任だと主張するわけではないが、発想としてはそれに近い。外国人を労働力としてではなく、人間として受け入れることが求められているという安田氏の主張に対し、けれども文化の違いによる摩擦や治安の悪化が、と懸念する者もいた。

そういう中で、半年間の授業の最後に、安田氏に来ていただき、学生たちの問いに答えていただいた。外国人労働者を受け入れるには、日本語教育や各種の支援サービスなどのコストがかかるという学生の指摘に対し、安田氏は、こう語った。

労働者とは、「面倒なもの」です
その「面倒」な労働者を抱えておける企業が、良い企業です

そう、労働者は、外国人労働者に限らず、「面倒」なのだ。

病気もするし、子どもを産むこともあるし、育児や介護の時間も必要だし、健康の維持のための睡眠も必要だし、仕事を抱え過ぎればメンタルも病んでしまう。家庭に心配事があれば、仕事が手につかなくなることもある。労働者は人間なのだから。「ケアレス・マン」ではないのだから。

その「面倒」な労働者を抱えておける企業がよい企業であるというのが、安田氏が学生たちに伝えたかったことだろう。

さて、学生たちはそれを、どう受け止めただろうか。「面倒」な人といっしょにやっていくのは負担だと思っただろうか。しかし、そう思って「面倒」な人を排除したいと思うなら、その自分は、「面倒」な人間として生きていくことができない。そして自分が「面倒」な人間になったとたんに、社会から排除されてしまうと感じるだろう。自分で自分を排除してしまうことにもなりかねない。

だからこれは、「面倒」な誰かとどう付き合うか、という問題なのではない。「面倒」な私や、「面倒」な私たちが、どうやってともに生きていくか、という問題なのだ。

セクハラ罪っていう罪はない

6

私は黙らない

本章の最後に、二〇一八年四月から五月にかけておこった財務省セクハラ問題を取り上げたい。

財務省の福田淳一事務次官（当時）の女性記者に対するセクハラ発言が週刊誌報道されると、福田氏をかばう麻生太郎財務大臣らが「はめられた可能性」を言いつのり、声をあげた側を抑え込みにかかったのだ。「声をあげたらこんな目にあうのだぞ」と言わんばかりの「呪いの言葉」が、報道にあふれた。

二次被害を生む発言を平然と続ける政権側の姿勢によって、問題は福田氏のセクハラ発言から、財務省のセクハラ問題へと拡大した。

一方で、それに対抗する動きも目に見える形で湧きおこった。「呪い」とそれに対抗する動きが、激しくせめぎ合った。

ゆがんだ対応策

ことの発端は『週刊新潮』四月一九日号（四月一二日発売）。福田氏が三〇代の女性記者に対し、飲食店で「胸触《さわ》っていい？」などとセクハラ発言を繰り返していたと報じられた。発売翌日にはデイリー新潮がホームページで福田氏とされる音声データを公開した。

これを受けて財務省は調査をおこない四月一六日に発表。福田氏が聴取に対し、「女性記者との間でこのようなやりとりをしたことはない」「週刊誌報道は事実と異なるものであり、私（福田事務次官）への名誉棄損《きそん》に当たることから、現在、株式会社新潮社を提訴すべく、準備を進めている」と答えたことが記されていた。

さらに財務省はこの一六日の発表で、「外部の弁護士」に委託して引き続き福田氏への聴取を続けるとし、一方の当事者である福田事務次官からの聴取だけでは事実関係の解明は困難であると表明。そして、財務省の記者クラブ（財務研究会）の加盟各社に対して、報道されたやりとりを福田氏とおこなった女性記者がいれば調査への協力をお願いしたいと、各社内の女性記者に周知するよう要請したのだ。[*17]

財務省の見解は、一見、もっともらしく聞こえる。しかし、財務省が指定した弁護士事務所は、財務省の顧問を務める弁護士事務所だった。そのような弁護士事務所に連絡を求めることは、「名乗り出よ」とその女性に求めることに等しい。財務省側に個人情報が漏れる可能性が否定できないからだ。

さらに、福田氏が女性記者との報じられたようなやりとりを全面否定し、かつ、新潮社への提訴も準備しているという聴取結果を発表することと同時に、そのように協力を求めたということは、女性記者を疑わしい告発をおこなった者と位置づけたうえで「名乗り出よ」と求めているに等しい。もし財務省が公正中立に事実関係を判断しようとしていたなら、片方の当事者である福田氏のセクハラ否定の見解だけをその時点で公表するのはおかしい。きちんと第三者機関に調査を依頼しないとおかしい。

被害を告発した女性記者が、なぜそのように強い圧力を受けなければならないのか。この報道には、強い抑圧を感じた。この問題はその後、麻生大臣らの発言により、ますます「呪い」の色を濃くしていくことになる。しかし同時に、それらの「呪いの言葉」に対抗する動きも湧き起こっていくこととなった。

はめられた可能性

まず、この問題に関する「呪いの言葉」の数々をざっと見ておこう。

四月一八日の衆議院財務金融委員会では、麻生大臣が「向こうが誘って言っているのかどうかも全然わかりませんから」と発言。矢野康治《こうじ》官房長も「弁護士さんに名乗り出て、名前を伏せておっしゃるということがそんなに苦痛なことなのか」と、いずれも二次被害につながる発言をおこなった。

批判が高まるなかで、その日の午後には福田氏が一転して辞意を表明。しかし記者に対しては、「録音された音声が自分のものかよくわからない」とし、「あんなひどい会話をした記憶はありません」と、改めて発言を否定した。

翌一九日未明にはテレビ朝日が緊急の記者会見を開き、同社の女性社員が福田氏にセクハラ被害を受けていたことを明らかにした。同日のうちにテレビ朝日は抗議文を財務省の矢野官房長あてに提出している。

これに対し二〇日に麻生大臣は訪米中の記者会見で、抗議文について、「もう少し大きな字で書いてもらったほうが見やすいなと思った程度ぐらいに読んだ」と、相手を愚弄《ぐろう》する発言をおこなう。

二二日には下村博文《はくぶん》文部科学大臣が音声データの週刊誌への提供について、「そんなの隠しテープで録《と》っておいてね、テレビ局の人がですね、週刊誌に売るっていうこと自体が、はめられていますよね。ある意味で、犯罪だと思う」と、講演会で発言（追及され、二三日に撤回）。

さらに麻生大臣も二四日に福田氏の辞任を承認したあとの閣議後の記者会見で、処分を先送りした理由を問われ、「はめられて訴えられているのではないかとか、いろいろご意見は世の中にいっぱいありますので、そういった中ではきちんとした、本人の人権も考えたうえで、本人の話も向こうの話も双方伺った上でないとなかなか決められない」と発言した。「人権を考えたうえで」と言うなら、「はめられて訴えられているのでは」などという発言は不適切であるのに。

麻生大臣の妄言は、その後も続いた。二七日に財務省は、福田前事務次官に対する処分を発表。財務省として、福田氏からテレビ朝日の女性社員に対するセクシュアル・ハラスメント行為があったとの判断に至ったとした。*18

しかし五月四日の記者会見で麻生大臣は、「セクハラ罪っていう罪はない」「殺人とか強［制］わい［せつ］とは違う」と発言。

五月一一日の衆議院財務金融委員会でも、立憲民主党の尾辻かな子議員が「今もまだ福田前事務次官ははめられたと思っていますか」と問うたのに対し、「そういう可能性もあるということはよく言われている話ですから、そういう可能性が否定はできません。本当に事実かもしれませんから、よくわかりませんので」と改めて発言。

このことを同日午後の同委員会で日本共産党の宮本徹議員から指摘された麻生大臣は、「これは多分下村さんの発言のときだったと思うんですね」「質問している方がわかってないんじゃ話になりませんよ、あなた」と午前中の発言を認めない答弁。みずからが午前中に発言していたことを指摘されると、「今言われた話は、私は下村発言のところまでその種の発言をしたと記憶はしますけれども、それ以後はしていなかったと思いますが、もししたとすれば訂正します」と答弁。改めて撤回を求められると、「今御指摘のありましたとおりとするならば、撤回させていただきます」と、なおも留保をつけて答弁した。

記者クラブと労働組合が抗議

こうやって整理するだけでもうんざりしてくる。読者の皆さんもそうだろう。

告発した女性は、匿名《とくめい》のままなので発言できない。他方で、はめられた可能性を示唆する麻生大臣らの発言ばかりが報道される。問題発言として報道しているのはわかっているが、声をあげた女性があたかも加害者であるかのように言いつのる麻生大臣の、人を愚弄するような態度の発言が繰り返し報道されるのは、なんとも耐え難かった。気持ちが鬱屈《うっくつ》して、セルフサービスのうどん店でトレイを平衡に保てずに、床にうどんをぶちまけてしまったこともある。

けれども、光が見える動きもあった。

四月一六日に財務省が報道各社に調査への協力を要請したことに対し、記者クラブと新聞労連、民放労連が、それぞれ二日後の四月一八日に抗議の声明を出したのだ。

新聞社やテレビ局、通信各社が加盟する財務省の記者クラブ「財政研究会」は、協力は受け入れられないとする抗議文を財務省に提出。[*19] 同省の顧問を務める弁護士事務所では被害女性のプライバシーや取材記者としての立場が守られるかが明確でないこと、被害女性が名乗り出ることは大きな心理的負担となり、二次被害につながる懸念が消えないこと、記者は取材過程や取材源の秘匿《ひとく》が職業倫理上求められており、財務省の調査協力要請はそうしたことへの配慮を欠いていることなどを、抗議の理由に挙げた。

新聞労連も同日、声明を発表。[*20]「セクハラの二次被害を生み出さないためにも、被害者を矢《や》面《おもて》に立たせないための配慮は調査の最優先事項だ」とし、財務省と顧問契約を結ぶ弁護士事務所に被害者本人が名乗り出るよう財務省が求めていることを「被害者への恫喝《どうかつ》であると同時に、報道機関に対する圧力、攻撃にほかならない」と批判した。さらに福田氏に対しては、堂々と記者会見を開いてあらゆる質問に答えることを求めた。また、多くの女性記者がセクハラに対して声をあげられず我慢を強いられてきたことを挙げ、会社は記者の人権や働く環境を守るため、速やかに毅然《きぜん》とした対応を取るべきだと求めた。新聞労連はさらに四月二一・二二日に開催した女性集会でも「セクハラに我慢するのはもうやめよう」というアピール文を採択している。[*21]

民放労連も声明を発表。[*22] 新聞労連の声明と同様の問題を指摘するとともに、福田氏のセクハラ疑惑が報道された当初に麻生大臣が調査しない方針を示したことなどセクハラ被害を真剣に受け止めない態度を続けていることに対し、「このような姿勢は、被害者があたかも加害者であるかのように扱う風潮を助長し、被害者の立場を著しく貶《おとし》めるものである」とした。

野党議員の連帯

さらに国会議員も声をあげた。野党は国会審議のなかでもこの問題を取り上げていたが、それに加えて、四月二〇日には立憲民主党、希望の党、日本共産党など野党六党が、国会内でおこなった財務省などへの野党合同ヒアリングの冒頭で、抗議の意思を表明。セクハラや性暴力を告発するアメリカ発の運動「#MeToo」にならって、抗議の意思を示す黒い服を着た女性議員が中心となり、男性議員とともに「#MeToo」のプラカードを掲げた。立憲民主党の尾辻かな子議員は、「セクハラを泣き寝入りする社会にしない。被害者を絶対一人にしない」とアピールした。同日には野党六党の合同集会もおこない、さらに有志二〇人で財務省に出向いて、被害者の人権を守ることや、福田氏がセクハラを即刻認め謝罪することなど、五項目を申し入れた。

黒い服で院内集会

そして、個人も集まって声をあげたのだ。

四月二三日には一八時半より、実行委員会の主催により「セクハラ被害者バッシングを許さない4・23緊急院内集会」が議員会館で開催された。SNSでは幅広く参加が呼びかけられた。そして次のように、黒い服を着て集まることが提案された。[*23]

米国の映画賞として有名なゴールデングローブ賞の今年の授賞式では、著名映画俳優たちが黒い服をまとって話題となりましたが、それは、セクシュアル・ハラスメント被害者との連帯、Time's up 運動のセクハラ撲滅という理念への共鳴を表明するためでした。私たちも、性暴力被害者との連帯の表明、ハリウッド、そして、永田町・霞ヶ関の病みへの抗議の意味をこめて、黒い服をまといたいと思います。

私もこの集会に、黒い服を着て参加した。

社会的な関心によるものというより、個人的に参加したいと思った。麻生大臣の、そして矢野官房長官の、心ない言動によって、私も精神的な安定を崩されていた。

私自身は仕事のうえで、ひどいセクハラを受けた経験はない。だからこそ今、こうやって大学教授の地位を得て、社会的にも発言できているとも言える。能力があってもセクハラの被害を受け、被害者であるにもかかわらずキャリアを断たれた女性もいる。おそらくそういう事例は、数多くあるだろう。

けれども私も、女性であるがゆえに性的な好奇の目で見られる、卑猥な言葉を投げかけられる、体を触られる――そういう経験はある。ただ女であるというだけで、見知らぬ人からそういう不当な扱いを受けてきた、そんなあれこれが、財務省セクハラ問題の報道に接する中で、次々に思い起こされていた。だから私も黒い服を着て、その場を共有したいと思ったのだ。

緊急院内集会には、黒い服を着た女性たちが集まった。そしてセクハラや性暴力の問題に取り組む研究者や弁護士、ジャーナリスト、労働組合の委員長、市議、国会議員らが次々に発言した。その様子はYouTube映像で確認することができる。[*24] ここに収録されていない、報道の現場で働く女性当事者の声もあった。最後には「#MeToo」「#WithYou」のプラカードを全員で掲げた。

その場は、**ともに声をあげよう、ともに現状を変えていこう、という思いを共有する場**だった。足を運んだことには、意味があった。その日の夜は、ふだん見ない夢を見た。とても質感のある夢だった。

「#私は黙らない」

さらに四月二八日には、新宿東口のアルタ前で、「#私は黙らない0428」という集会が開催された。発言者も、集まった人たちも、男女ともにいて、四月二三日の院内集会より、ぐっと若い年齢層だ。大学生が司会を担当し、高校生、大学生、大学院生、フリーペーパーの編集者、イラストレーター、元セックスワーカー、ゲイの男性、主婦らが、自分の体験を、自分の思いを、自分の言葉で、街頭で語った。その様子はライブでネット公開され、今もYouTubeで見ることができる。*25

私は、その場には行けなかった。けれども、YouTubeでそのすべてのスピーチを聞いた。心に響くそれらのスピーチを、みなさんもぜひ、聞いてほしい。最後に語った福田和香子さんが、みずからの経験を語り、こう締めくくっている。

私はおそらく、そしてこれからもずっと、社会の求める「いい女」になんかなれない。だから私はまた今日、ここに立つことを決めた。自分が聞くことのできなかった言葉を、自分が受けることのなかったあたたかみを、どこかで必要としている、そんな女たちに届けるために。

私の痛みはあなたの消費のためにあるわけではない。私の選ぶ洋服は、あなたへの

招待状でもなければ、許可証でもない。私は棚に陳列された商品ではなく、笑顔を貼り付けられた人形でもなく、自分を定義するということを覚えた私は、お前の、お前みたいな奴の、一時的な要求とシステムにコントロールされた物言いに負けることはない。

女という形の私に寄せられた社会からの期待と、女という私がみずから被《かぶ》ってしまうヴェールのような、見栄えのいい薄っぺらい期待。社会の期待はそんなに簡単に、いっぺんに外すことはできない。でも私は今から、そのヴェールを脱ぐことができる。病《や》めるときも健《すこ》やかなるときも、私は私のやりたいようにやりますから。

いつだって、いつだって、どんなときだって、私たちに呪いを振りまくことをやめない社会と、そこで気持ちよく呼吸を続ける、みずからの加害性に気づかない人たちへ。もうそういうの、終わりにしましょう。

フェミニストは、男嫌いというわけでもないし、鉄の女って意味でもない。安産型という呪いはいまだに私の日常に、今度ははっきりと呪いの形をして現れる。一〇年前に求められたカワイイに応えられなかったあの頃の私は、フェミニストというタイトルを選んだ私のなかで、今もまだ生き続けている。どっちでもいいの。どっちだって殺さなくていいの。それが、私のとらなければならない第一歩だから。

私は、私が誰であるのかを、他の者に決めさせない。私は、あなたが何者であるかを決めつけない。私とあなたの幸せの定義は、きっと一致しない。私とあなたが美しいと思うものは、もしかしたら全然違うのかもしれない。

怒りに蓋をし続けてきたあなたへ。壁の割れ目からこぼれる光にすら目を背けたくなってしまうようなあなたへ。「毎日が楽しくて仕方ないわ」ってあなたへ。ずーっとずっと声を嗄《か》らして叫び続けてきたあなたへ。自己を探求し続けるあなたへ。そして、生きづらさを抱えるあなたへ。そして何よりも、解放という名の可能性に心躍らせる、すべての人へ。

あなたの考えは、あなたの言葉は、あなたの行動には、常にパワーがある。何かを変えるだけのパワーが、いつも備わっている。必ず覚えておいてほしい。

立ち上がること。言葉にすること。怒りを恐れないこと。自分とその未来のもつ可能性に、目を背けないこと。そしてそこにいない人について、いつも考え続けること。

あなたが自分の可能性に向き合うことを、それをあきらめなければ、あなたはきっと呪いに打ち勝つことができる。

第4章 政治をめぐる呪いの言葉

ただちに健康に影響はない

1

原発事故後の情報過疎の中で

前章の最後にも見たように、政治の世界にも、「呪いの言葉」はあふれている。現行の第三次安倍晋三内閣は、「呪いの言葉」で異論を封じて権力の維持をはかっているように見える。その政治に異を唱える者には、どこからか「呪い」に満ちた圧力がかかる。

原子力発電所の再稼働や除染・汚染水処理をめぐって、米軍新基地建設に向けた沖縄・辺野古の海の埋め立てをめぐって、安全保障法制や共謀罪（テロ等準備罪）などの法の制定・改正をめぐって、森友学園への公有地売却や加計学園への獣医学部新設許可をめぐって、総裁選をめぐって――さまざまな政治的な論点・争点をめぐって、反対派への圧力、あからさまな隠蔽《いんぺい》、官僚の忖度《そんたく》、不誠実な説明、デマの拡散などが繰り返されている。

しかし、それらを取りあげることは別の機会に譲り、ここでは、私が参加したデモ、私がおこなった異議申し立ての記者会見、私が始めた「国会パブリックビューイング」の取り組みなど、個人的な体験を取りあげてみたい。そうすることによって、「呪いの言葉」よりは、その「解きかた」に焦点をあてたい。

ただちに健康に影響はない

私の政治とのかかわりの出発点は、やはり二〇一一年三月一一日の東日本大震災に伴う福島第一原子力発電所の事故だった。余震が続く東京にいて、計画停電や節電の呼びかけが続いた中で、三月一二日には一号機の建屋を吹き飛ばす水素爆発が起きた。三号機も危険な状態だと言われ、三月一四日にはその三号機で爆発が起きた。しかし何が起きているのか、詳細は公表されなかった。炉心溶融が起きていることがはっきりと公表され、報道されたのは、約二ヵ月後になってからだった。三月二三日には東京都葛飾区の金町《かなまち》浄水場から、乳幼児の飲み水についての国の基準の二倍を超える放射性ヨウ素が検出された。

地震があった一一日は金曜日。翌日に一号機の水素爆発が起きたにもかかわらず、翌週一四日の月曜日にも、子どもが通う小学校は、休校措置もなかった。国が情報を出さず、新聞もテレビのニュースも公式に発表されたことしか報じない中で、自分なりに判断して行動しなければばならない緊急事態なのだと緊張した。

当時はツイッターのアカウントも持っておらず、ブログからツイッターに移行した内田樹のツイートをときどき見るくらいだった。内田は、都心部からも避難の動きがあることを伝え、予防的な避難に肯定的な見かたを示していた。

私は勤務先の大学が春休みで、身動きは取れる状況にあったが、そこまでの判断には踏み切れず、東京にとどまりつつ、情報を求めて、クラクラする精神状態のなかで、信頼できそうなツイッターのアカウントを探した。

日々、何を考え、どう行動したか、よく覚えていない。緊張状態にあるときの記憶は、特に欠落するのだろう。振り返って考えれば、ああいうときは、日記でもつけておけばよかったと思う。

一四日の月曜日は、子どもの小学校を休ませたと思う。一五日、一六日、一七日……。どこかの時点で、子どもを小学校に登校させた。けれども、ニュースで原発の緊迫した状況を見て、授業中に小学校まで迎えに行って子どもを帰宅させたこともある。小学校では変わらぬ日常の授業が展開されていた。そのことに強く違和感を持った。

小学校は、原発事故に独自の判断を示さなかった。一方で、上からの指示があったのか、余震に対応するためとして、屋外で地域ごとに生徒を並ばせ、集団下校を始めた。原発事故による放射性物質が、まだ風によって都心にも運ばれている時期にもかかわらず。

余震には注意して対処しつつ、放射性物質の影響は、ないもののように見なす。その状況に、強い抑圧を感じた。子どもには登下校時にマスクをさせ、集団下校の列には並ばせずに迎えにいって連れて帰った。

テレビでは枝野幸男官房長官（当時）が、「ただちに健康に影響はない」と緊張した面持ちで繰り返していた。「ただちに健康に影響はない」――。ただちに健康に影響が及ぶほどの放射線量でなくても、累積していずれ危険が及ぶ放射線量なのではないか？　このまま日常生活を続けても大丈夫なのか？　その疑問に、そのコメントは答えてくれなかった。テレビのニュースを見ても、新聞を読んでも、語られるべき言葉が押し込められている圧迫感があった。

社会を変えていくのは

その圧迫感からの出口を求めて、同年四月二九日に私は、明治大学でおこなわれた『終焉《しゅうえん》に向かう原子力』の第一一回集会に出かけた。京都大学原子炉実験所の小出裕章《こいでひろあき》氏と作家・ジャーナリストの広瀬隆《たかし》氏が何を語るのか、直接、聞きにいきたいと思ったのだ。それまでに小出氏のインタビューはネットで視聴し、広瀬氏の著作には目を通していた。

定員一〇〇〇人の会場には、二〇〇〇人ほどの長い列ができた。満席の会場の聴衆に向かって小出氏は、集まってくれたことに謝意を述べ、原発を止めるための活動を長年おこなってきたにもかかわらず、福島第一原発の事故が起こってしまったことに対して、みずからの力の至らなさを詫《わ》びて、「ごめんなさい」と私たち聴衆に頭を下げた。

小出氏は、黒のネクタイをし黒いスーツに身を包んでいた。ネットの情報によれば、小出氏は講演前に、会場に入れなかった方々の前でも挨拶をし、やはり事故前に原発を止められなかったことを詫《わ》びたという。

私は講演で小出氏の話を聞いたあと、五月二日にツイッターのアカウントを開設した。「とりあえず閲覧用に」と記したが、翌日には、小出氏の話を振り返る二七のツイートをした。その内容を抜粋して記しておきたい。

私は、この講演会で、小出氏の話を聞いて情報を得たというよりは、小出氏に出会った、という気がしている。そして、そう感じる意味について、考えている。

小出氏は、みずからの訴えに耳を傾けなかった私たち、いや、小出氏の存在さえ知らなかった私たちを責めず、みずからの非力さを詫《わ》びられ、私たちが立ち至っている厳しい現状にともに戸惑いを表明された。そして、最後に、公害問題に立ち向かった

田尻宗昭《たじりむねあき》氏の言葉を紹介された。

「社会を変えていくのは数ではない。一人です」

そして、しばらく時間をおいて、「二人です、三人です」と。

（広瀬氏と小出氏の）両氏とも、現状を、そして今後を、深く憂慮されている点では同じ。けれども、より深く余韻《よいん》を残し、その「一人」としての自分のありかたを感じさせる力を持っていたのは、小出氏の、「言葉」というよりは、「振る舞い」であり、聴衆である私たちに対する対し方であったと思う。

いま振り返って、私はやはりあのとき、小出氏に「出会った」のだと思う。そして、社会を変えていく「一人」としての自分を、おぼろげながら自覚したのだと思う。

デモに行ったら就職できなくなるよ

2

デモが変える もの

人がデモをする社会

その後、原発の再稼働反対のデモが、首相官邸前や国会議事堂前で、大きく展開されるようになった。私が初めてデモに参加したのは、二〇一二年の六月一五日だ。大飯《おおい》原発の再稼働に反対するデモで、主催者発表では一万一千人が集まったとされた。私は個人で参加した。そしてツイッターにこう記した。

> 政治はまともであってほしい。それがおそらく、後ろのほうで参加した私たちの、そして警官たちの、共通の願いであったと思う。結果がどうであれ、そういう場に足を運んだことは、否定したくない。

デモをおこなうことに、あるいは、デモに参加することに、どういう意味があるのか、私にはわからなかった。けれど、参加してみたいと思った。その、はっきりと言葉にならない思いが、「否定したくない」という言いかたに現れていると、振り返ってみて思う。

このときより前から、原発に反対するデモは、各地で、何度も、展開されていた。だからこそ私は、そのうねりに乗るかたちで、二〇一二年六月に官邸前のデモに参加したのだった。

それに先立つ二〇一一年九月一一日に新宿のアルタ前でおこなわれた、素人《しろうと》の乱主催による「9・11原発やめろデモ!!!!」街頭集会で、哲学者の柄谷行人《からたにこうじん》氏は、街宣車の上から、こうスピーチしていた。[*26]

私は四月から反原発のデモに参加しています。この新宿駅前の集会にも、6・11のデモで来ています。

私はデモに行くようになってから、デモに関していろいろ質問を受けるようになりました。それらはほとんど否定的な疑問です。たとえば、「デモをして社会を変えられるのか」というような質問です。それに対して、私はこのように答えます。デモをすることによって社会を変えることは、確実にできる。なぜなら、デモをすることによって、日本の社会は、人がデモをする社会に変わるからです。

柄谷氏が語った通り、日本は、「人がデモをする社会」に変わった。反原発だけでなく、安全保障法制や共謀罪（テロ等準備罪）、働き方改革、沖縄・辺野古の埋め立てなど、さまざまな政治的論点をめぐって、あるいは安倍首相の辞任を求めて、官邸前で、国会前で、新宿で、銀座で、全国各地で、デモがおこなわれるようになった。

では、「人がデモをする社会に変わる」ことによって、何が変わるのだろうか。

デモは権利

私は柄谷氏がスピーチしたこのデモには、参加していない。ネットで中継されていただろうが、それも見ていない。けれども、このスピーチは話題になったので、その全文が記されたサイトは、その後のいつかの時点で見ていた。

そこには、こう記されている。これを最初に読んだときには、私は、ぴんとこなかった。

> デモは主権者である国民にとっての権利です。デモができないなら、国民は主権者ではない、といってもいい。たとえば、韓国では二〇年前までデモができなかった。軍事政権があったからです。しかし、それを倒して、国民主権を実現した。デモで倒

したのです。そのような人たちがデモを手放すはずがありません。
では、日本には（なぜ）、デモが少ないのか。なぜ、それが変なことだと思われているのか。それは、国民主権を、自分の力で、闘争によって獲得したのではないからです。日本人は戦後、国民主権を得ました。しかし、それは敗戦によるものであり、事実上、占領軍によるものです。自分で得たのではなく、他人に与えられたものです。
では、これを自分自身のものにするためにどうすればよいのか。デモをすること、です。

私が受けるもう一つの質問は、デモ以外にも手段があるのではないか、というものです。確かに、デモ以外にも手段があります。そもそも選挙がある。その他、さまざまな手段がある。しかし、デモが根本的です。デモがあるかぎり、その他の方法も有効である。デモがなければ、それらは機能しません。今までと同じことになる。

韓国は、デモによって軍事政権を倒し、国民主権を実現した。*[27] 日本は、敗戦によって、占領軍によって、国民主権を「与えられた」。どちらにしても、国民主権の社会が実現したのならば、社会的な混乱を経ずに国民主権が実現したほうがよいのではないか。なんとなく私は、そう考えていた。

けれども、違うのだ。選挙の投票用紙が届くから、投票日に選挙に足を運び、ニュースで選挙結果を見て、あとは政治のことは誰かに任せきりにする。それでは、本当の意味での国民主権ではないのだ。国民主権とは、一人ひとりが主権者として判断し、発言し、行動し続けることだからだ。主権を手放さないことだからだ。

　主権を手放してしまったら、選挙は政権にお墨付きを与える形式でしかなくなる。政権が暴走しても、止められなくなる。**おかしいことにはおかしいと言い、あるべき社会を求める、そのための発言と行動をみずからがおこない続ける、それが国民主権ということ**なのだ。

　そしてデモとは、みずからの行動と言葉で、広く社会に向けてみずからの身をさらしながら、リスクを負いながら、異議申し立てをし、あるべき社会を求める行為であるのだから、それは国民主権の象徴的な行動でもあるのだ。

　そのような象徴的な行動であるデモに参加することによって、その行動を通じて、経験を通じて、一人ひとりが、発言し行動する主体となっていく。「人がデモをする社会に変わる」ことによって何が変わるか。そういう主体が増えていく、国民主権の担い手が増えていく。そういうことなのだろうと、今の私は思う。

自分の言葉で語る

反原発のデモに人々が足を運んだ、その土台の上で、特定秘密保護法に反対するデモを経て、二〇一五年の夏には安全保障法制[*28]（安保法制）の国会審議をめぐって、国会前などで大規模な抗議行動が起きた。

SEALDs（自由と民主主義のための学生緊急行動）の若者たちが、自分自身の言葉で思いを語り、安保法制に反対することを表明し、日付と自分の名前を語ってスピーチを締めくくった。従来からの平和集会に集まってきた年配者でもなく、著名人でもなく、これからの時代を生きる若者たちが、みずからの名を名乗り、自分の言葉で意思を表明する。その姿は、大きな影響力を持った。

そのSEALDsのメンバーの奥田愛基さんは、二〇一五年九月一五日の参議院における公聴会[*29]に公述人として立ち、こう述べた。

> 私たちは、一人一人、個人として声を上げています。不断の努力なくして、この国の憲法や民主主義、それらが機能しないことを自覚しているからです。
>
> 政治のことは選挙で選ばれた政治家に任せておけばいい、この国にはどこかそのような空気感があったように思います。それに対し、私たちこそがこの国の当事者、つまり主権者であること、私たちが政治について考え、声を上げることは当たり前なの

だということ、そう考えています。その当たり前のことを当たり前にするために、これまでも声を上げてきました。

そして、二〇一五年九月現在、今やデモなんてものは珍しいものではありません。路上に出た人々がこの社会の空気を変えていったのです。デモや至る所で行われた集会こそが不断の努力です。そうした行動の積み重ねが、基本的な人権の尊重、平和主義、国民主権といったこの国の憲法の理念を体現するものだと私は信じています。私は、私たち一人一人が思考し、何が正しいのかを判断し、声を上げることは間違っていないと確信しています。また、それこそが民主主義だと考えています。

そして、

どうかどうか政治家の先生たちも個人でいてください。政治家である前に、派閥に属する前に、グループに属する前に、たった一人の個であってください。自分の信じる正しさに向かい、勇気を出して孤独に思考し、判断し、行動してください。

と訴えたうえで、公述をこう締めくくった。

困難な時代にこそ希望があることを信じて、私は自由で民主的な社会を望み、この安全保障関連法案に反対します。

二〇一五年九月十五日、奥田愛基

不断の努力

彼が語った「不断の努力」とは、**日本国憲法第12条**の、これだ。

この憲法が国民に保障する自由及び権利は、国民の不断の努力によつて、これを保持しなければならない。又、国民は、これを濫用してはならないのであつて、常に公共の福祉のためにこれを利用する責任を負ふ。

憲法はさまざまな自由を保障し、権利を保障している。

けれども、憲法にそう記されているからといって、それらが自動的に私たちに保障されるわけではない。むしろ、**何も言わずに放っておけば、私たちの自由な権利は、いつの間にか侵害されていく。**その自由や権利が侵害されないようにするには、私たち国民が、「不断の努力」

によって、それを保持し続けなければならない。自由や権利を求め続けなければならない。そのことを日本国憲法第12条は、私たちに教えている。

さて、私は学校でそういうことを習ったことがあったのだろうか。記憶にない。もちろん国民主権という言葉は習った。けれども、日本国憲法については、第9条（戦争の放棄と戦力及び交戦権の否認）や第25条「すべて国民は、健康で文化的な最低限度の生活を営む権利を有する」が注目される一方で、私たちに「不断の努力」を求めている第12条については、意識したことがなかった。私がこの「不断の努力」を意識し始めたのは、デモに参加し、SEALDsの若者たちを含め、いろんな人たちの声を聞く中でだ。

そして、国民主権とは、その「不断の努力」の中にこそあるのだと、私は少しずつ、思うようになった。

SEALDsの若者たちが自分の言葉を使って路上で語り、奥田愛基さんが国会で意見陳述をしたあとになって、私もまた国会で意見陳述をおこない、路上で語るようになった。

国会での意見陳述はこれまで三回。

一回目は二〇一七年三月一四日の衆議院厚生労働委員会での参考人意見陳述。職業安定法改正をめぐる審議のなかで、求人トラブル問題を語った。*30

二回目は二〇一八年二月二一日の衆議院予算委員会中央公聴会での公述人意見陳述。働き方改革関連法案に含まれていた裁量労働制の拡大に関連して、政府が都合よくねじまげたデータを使って法改正を進めようとしていたことを批判した。[*31]

三回目は二〇一九年二月二六日の衆議院予算委員会中央公聴会での公述人意見陳述。毎月勤労統計をめぐる統計不正と統計手法への政治介入疑惑をめぐって、「不都合な事実」を隠蔽せず、徹底した事実解明をおこなうことが何よりもまず必要であることを指摘した。[*32]

二〇一八年の公述人意見陳述は、こう締めた。

政策立案プロセスを正常化するためにも、また、国会審議を正常化するためにも、今、政府には、立ちどまって、裁量労働制の拡大と、さらに同種の趣旨である高度プロフェッショナル制度の創設、この二つは一括法案から外すという決断をまず行い、その上で、改めてそれらについては検討プロセスをやり直すことを求めます。また、今回の事態に至った原因究明と再発防止を求めます。

それに対し、二〇一九年の公述人意見陳述は、こう締めた。

私たちが主権者として国会を監視しなければ、そのような国会の機能不全は続きま

す。そして、不都合な事実も隠され続けます。その影響は、私たちの暮らしにはね返ってきます。
よりよい社会の構築に向けて、国会が本来の機能を果たしうるために、私たちは主権者として不断の努力を重ねていきます。

先に見た奥田愛基さんの意見陳述を真似たわけではない。むしろ今、その類似性に気づいて自分でも驚いている。けれども、デモに行き、スピーチを聞き、国会審議を見つめ、ツイートし、WEB記事を書き、国会で意見陳述し、集会やデモで発言し、取材を受け、テレビやラジオで発言し——そうした経験を通じて、「不断の努力」という言葉が、だんだんと自分のものになってきていた。だからこそ、「要求」するだけでなく、主体的な意思表明で意見陳述を締めくくりたいと思ったのだ。

デモが可視化するもの

少し話を戻す。二〇一五年の安保法制反対のデモのあとにも、共謀罪（テロ等準備罪）の制定に反対するデモ、働き方改革関連法案の制定に反対するデモ、沖縄・辺野古の海の埋め立てに反対するデモ、安倍政権の退陣を求めるデモなど、さまざまな政治的な論点をめぐってデモが展開された。

そのスタイルも、官邸前や国会前に集まってコールするもの、幟《のぼり》やプラカードを掲げて街中を歩くもの、ＤＪが音楽を流すサウンドカーが先導するサウンドデモ、新宿アルタ前などでかわるがわるスピーチをおこなう街頭行動、通勤時間帯に駅前で無言でプラカードを掲げるスタンディングなど、多様になった。私が始めた**「国会パブリックビューイング」**は、街頭で国会審議映像を道行く人に見てもらうものだが、これもある意味では「デモ」だと思う。メッセージをあえて表に出さない形での「表現行為」だ。これについては、後で再びふれたい。

若者がデモに出向き始めた当初、「デモするくらいなら働け」や「デモに行ったら就職できなくなるよ」など、さまざまな「呪いの言葉」がネットに流れた。個人情報を詮索《せんさく》するツイートや、心ない誹謗《ひぼう》中傷も、発言者に寄せられた。

残念ながら、発言することに伴うそういうリスクはある。だから私は、デモに行くときに人を誘わない。ツイートするときも、「行きます」とは書くが、「行きましょう」とは書かない。けれども、「デモに行ったら就職できなくなるよ」という言葉が、心配したうえでの言葉ではなく、抑圧するための言葉であることは言っておきたい。

デモは、異議申し立てを可視化させる。反対の世論を可視化させる。それは、政権にとっては都合が悪いことだ。だから、デモに行くことや声をあげることを抑圧する「呪いの言葉」が、どこから湧いてくる。官邸前や国会前の抗議行動には、回を重ねるにつれて、たくさんの警察車輛《しゃりょう》と鉄柵と赤いコーンが並ぶようになり、集まった人の前に立ちはだかるように大勢の警官が立ち、狭い通路に押し込めて、道路を人が埋める「絵」をメディアに撮らせまいとするようになった。

ツイッター上で「#呪いの言葉の解き方」を募集していたときに、デモに関してはこんな「切り返しかた」が寄せられた。

〈デモに行くなんてよっぽど暇なんですね〉

↓「よっぽどデモして欲しくないんですね」「デモの効力を知ってるんですね」

〈デモなんかで何が変わるの?〉

↓「デモにも行かずに何かが変えられると思うの?」「そんなにデモが怖いんですね」

働き方改革関連法案の国会審議中の二〇一八年には、裁量労働制の拡大や高度プロフェッショナル制度の創設に反対する抗議行動を繰り広げた若者たちの団体AEQUITAS(エキタス)が、国会前抗議行動でこうコールした。

「言うこと聞かせる番だ、俺たちが」

「呪いの言葉」に怯えて黙るのか。自分の言葉を持ち、自分で行動するのか。それぞれの先に展開する未来は、どうであるだろうか。

週休七日が人間にとって幸せなのか

3

政権との対峙《たいじ》

デモは集団による権力者への異議申し立てだ。それに参加し、ツイッターやWEB記事などでも発言を続けているうちに、私はひとりの個人として、にわかにメディアの注目を集めるようになった。二〇一八年二月一四日のことだ。

そしてメディアに露出して発言が注目されていく中で、同年五月七日に私は自由民主党の有力議員である橋本岳《がく》議員のフェイスブックで「恫喝《どうかつ》」を受けた。そして、その「恫喝」をやりすごさずに、記者会見を開いて異議申し立てをした。その経緯をここに記しておきたい。

安倍首相の答弁撤回

二〇一八年二月一四日は、安倍晋三首相が

一月二九日の衆議院予算委員会でおこなった裁量労働制に関わる答弁を撤回した日だった。この二月一四日から「裁量労働制データ偽装　野党合同ヒアリング」が開催され、私もそこに参加した。そしてその後、メディアの取材をたて続けに受ける状況になった。

なぜかと言えば、安倍首相が答弁で言及したデータがおかしいとWEB記事で指摘したのが、私だったからだ。*33 撤回に至った安倍首相の一月二九日の答弁は、こういうものだった（議事録ではなく、映像による）。

その、岩盤《がんばん》規制に穴をあけるにはですね、やはり内閣総理大臣が先頭に立たなければ穴はあかないわけでありますから、その考えかたを変えるつもりはありません。

それとですね、それとですね、あのー、厚生労働省のですね、調査によればですね、えー、裁量労働制で働くかたの労働時間の長さは、平均な、平均的なかたで比べればですね、一般労働者よりも短いというデータもあるということは、ご紹介させていただきたいと思います。

これは立憲民主党の長妻昭《あきら》議員の質疑への答弁だった。長妻議員は、働き方改革の法改正によって裁量労働制を拡大すれば、過労死が増えると指摘。労働法制を「岩盤規制」とみなし

て、それにドリルで穴をあけようとする安倍首相の労働法制観は、ぜひ改めていただきたいと求めた。それに対する安倍首相の答弁が、これだったのだ。

私はこのやりとりをインターネット審議中継で聞きながらツイートで実況していて、いったいこれは何の調査だろうか、と疑問を持った。私が知っている調査結果では、裁量労働制のほうが一般の労働者より労働時間が長い傾向が出ていたからだ。[*34]

二日後に加藤勝信《かつのぶ》厚生労働大臣（当時）が参議院予算委員会で調査名に言及。平成二五年度労働時間等総合実態調査とのことだった。「平均的な一般労働者の時間」が九時間三七分に対して、企画業務型裁量労働制は九時間一六分、と加藤大臣は答弁していた。

さっそくネットで調べて調査報告書を見てみると、それは労働時間の平均の比較を可能とするデータではなかった。そこでＷＥＢに検証記事を書いて公開したのが二月三日。また、一般労働者の九時間三七分という時間数は、常識的に考えても、長すぎた。これはおかしいと、二月六日にも続編の記事を公開した。

長妻議員に連絡

二月三日の検証記事を書いたあとで、私は長妻議員にメールで連絡していた。長妻議員には、国会質疑で用いられたパネルデータの転載許可を求めて前年四月に連絡を取ったのが初めての接触で、その後も関係するWEB記事を書くたびにメールで連絡していた。長妻議員は、短いながらも感謝の意を示す返信をちょくちょく送ってくださっていた。

　長妻議員と直接会ったのは、その後の二〇一七年一〇月一四日が初めてだ。同年九月、民進党がよくわからない経緯で解党して希望の党へと合流することになり、けれども希望の党の小池百合子代表から「排除いたします」との発言が飛び出し、野党はいったいどうなるのだという混迷し閉塞《へいそく》した状況のなかで、枝野幸男議員が衆議院選挙に向けたぎりぎりのタイミングで「まっとうな政治」を訴えて立憲民主党を立ち上げた。

　その衆議院選挙で、私は一〇月一四日に枝野代表の街頭演説を吉祥寺、新宿、池袋とはしごして聞きに行き、そしてせっかくだからと、さらに目黒に足を運んで、長妻議員の街頭演説を聞きに行って自己紹介して握手したのだった。

　その長妻議員に、いつものようにこんな記事を書いたとメールしたところ、この件で厚労レク（厚生労働省の職員に議員が説明を求めること）をするので同席しないか、と提案された。

　厚労レクは二月七日。安倍首相が言及したデータは、**調査結果を政権の方向性に合わせて都合よくねじまげたもの**であることを、その場で改めて確信した。国会でも本格追及が始まり、加藤厚生労働大臣はデータを「精査」する、と繰り返した。私は二月一〇日に論点整理のWEB記事[*35]を書いて、週明け二月一三日からの衆議院予算委員会の審議に備えた。

そしてテレビ中継が入ったその予算委員会で、長妻議員らがこのデータのおかしさをさらに追及し、翌日の二月一四日の国会で、安倍首相は答弁を撤回したのだった。

メディアへの露出

けれどもその撤回理由は、「引き続き精査が必要なデータをもとにおこなった」答弁だから、というものであり、比較のデータが不適切だったと非を認めたものではなかった。

加藤厚生労働大臣は、「精査」が必要と言い続けてまともな説明をおこなわず、調査票を開示せず、いたずらに野党の審議時間を空費させた。調査票の該当箇所が野党側に開示され、一般労働者については「一日の時間外労働の最長時間数」（つまり、時間外労働が最も長かった一日の時間数）のデータが算出に用いられていたことがようやく明らかになったのは、二月一九日になってからのことだった。

その後、野党が開示させた元の調査データに多数の異常値が見つかり、野党は誤ったデータに基づいた労働政策審議会の審議のやり直しを要求。二月二八日の深夜になって、安倍首相は働き方改革関連法案から裁量労働制の拡大を削除することを決めた。異常値が多数含まれた裁量労働制に関する調査データそのものが撤回されることとなったのは、さらにそのあとの三月二三日になってからだった。答弁撤回からここまで、実に異例の展開だったらしい。

この展開に、私は関与し続けた。

二月一四日以降、メディアの取材を受け、テレビやラジオに出演した。[*36] 二月二五日にはＡＥＱＵＩＴＡＳ《エキタス》主催の「裁量労働制拡大に反対する緊急デモ」で、横断幕を掲げて新宿の街を歩き、小池晃議員、長妻昭議員に続いて街宣車の上でスピーチした。サウンドデモのなかでは、若者たちがこう、声をあげた。

「裁量労働制はやめろ！」
「裁量あるって嘘つくんじゃねぇ！」
「毎日毎晩、残業させるな！」
「生活苦しいやつ、声上げろ！」
「将来不安なやつ、声上げろ！」

それに先立つ二月二一日には、衆議院予算委員会中央公聴会で公述人意見陳述もおこなった。目が回るような毎日だった。けれども、この機会をとらえなければと思った。

安倍政権は、「働き方改革」を「長時間労働の是正」のための改革と誤認させ、長時間労働を助長する裁量労働制の拡大と高度プロフェッショナル制の創設を、気づかれないようにこっ

そりと一括法案のなかで成立させようとしていた。答弁撤回という異例の事態は、その、安倍政権が隠したがっていた裁量労働制の拡大を争点化させるうえで、非常に重要な機会だった。

また、安倍首相や加藤厚生労働大臣が政権に都合のよいようにデータをねじまげて答弁をしたことは、学者として許せないことだった。二月一七日に私は、大阪で民主法律協会に招かれて講演したのだが、そこで「これはもう、学者の意地です」と語り、大きな応援をいただいた。それも力になった。

「お詫《わ》び」という名の開きなおり

けれども、答弁は撤回され、データは撤回され、法案から裁量労働制の拡大は撤回されたものの、私にはまだ気持ち悪さが強く残った。裁量労働制のほうが労働時間は短いとする一月二九日の首相答弁で表明された判断は、厚生労働省が調査票の一部を開示した二月一九日に撤回されたものの、その撤回の際の「お詫び」が、**本質的に非を認めないもの**だったからだ。

本質的に非を認めないお詫びとは、たとえば「誤解を与えることとなり、お詫びしたい」といったものがそれにあたる。自分の発言の内容が問題であるのに、それを認めず、「誤解」した相手が悪いかのように責任を転嫁する。「お詫び」の形をとっているが、実際にはこれは「お詫び」ではない。

厚生労働省がおこなった「お詫び」も、それと同種のものだった。裁量労働制の労働者については単に一日の「労働時間の状況」を聞いているのに対し、一般労働者については「一日の時間外労働の最長時間数」を聞いて、そこから労働時間を算出していた。一日の時間外労働が一番長い日とそうでない日の労働時間の長さを、比較していいはずがない。比較の不適切さは明らかだった。

しかし、加藤厚生労働大臣が読みあげたお詫びの言葉は、「平均的な者の労働時間について、一般労働者と裁量労働制で異なる仕方で選んだ数値を比較していたことは不適切でありました」と詫びつつも、「最長時間数」と最長ではない日の時間数の比較をおこなったことが不適切であったと認めるものではなかった。

そのような受け止めを誘うものでありながら、実際には「平均的な者」の定義が異なったものを比較したという、比較的些末《さまつ》な問題に焦点づけたものだった。[*37] 入り組んだわかりにくい文章構成をあえて取ることによって、比較的些末な問題を「お詫び」し、明らかな問題の「お詫び」を巧妙に回避したものだった。

なぜそんな姑息《こそく》な「お詫び」をしたのか。そこには、**政権の関与への追及を逃れる意図**があったと私は考えている。こんな比較をしてはいけないことは、担当者なら当然わかるはずだった。にもかかわらず、こんな不適切な比較を無理やりやったことには、政権の意図に合わせたデータをそろえなければいけないという圧力なり、忖度《そんたく》なりがあったせいだろうと私は考えた。

長妻議員は二月二〇日の衆議院予算委員会で、このデータが「捏造」されたものではないかと疑い、首相官邸からの「つぶやき」や官僚側の「忖度」があったのではとして、調査を求めた。しかし、安倍首相は「私や私のスタッフから指示をおこなったことはありません」と否定した。さらに加藤厚生労働大臣は、第三者の客観的な目による検証を求める二月二六日の衆議院予算委員会における長妻議員の質疑に対して、経緯に「特段不自然なところもないなと思います」という認識を示し、問題に無理やり蓋をした。そして七月一九日に発表された厚生労働省監察チームがおこなったヒアリング結果[*38]では、不適切なデータの比較は、担当職員が確認を怠《おこた》ったことや、幹部が問題に気づけなかったことによるものとされ、問題の所在はあくまで厚生労働省内部に押しとどめられた。そのような判断は、私には認めがたかった。

検証記事の執筆

この比較のデータが最初に提示されたのは、二〇一五年三月二六日。厚生労働省が当時の民主党に示したものだった。そのすぐあとの同年四月三日には、裁量労働制の拡大や高度プロフェッショナル制度の創設を盛り込んだ労働基準法の改正案（残業代ゼロ法案）が閣議決定されている。第2章で見た「時間ではなく成果で評価」と印象操作したNHK『ニュースウォッチ9』は、この日の放送だ。

閣議決定の直前の三月二六日に民主党にこの比較のデータを示したのは、裁量労働制の拡大が長時間労働を助長し過労死を増やすとの野党の主張に反するデータを厚生労働省のデータとして示すことによって、野党の主張を揺さぶり、その後の国会審議における政府答弁を根拠あるもののように誤認させる「刷り込み」効果を狙ったものではないかと、私は考えた。

そこで、大型連休に入った二〇一八年五月に、私はWEBの連載記事の公表を始めた。この比較のデータが、うっかりミスで作れるようなものではないこと、これは政権の意図に合うように「捏造」されたものと考えられること、この比較のデータには、捏造と隠蔽《いんぺい》の痕跡《こんせき》が多数認められること、そして同年二月の問題の表面化以降に政府が不誠実な対応を繰り返したことを、連載記事で示そうとした。

しかし、五月四日に第一回記事、翌五日に第二回と第三回のWEB記事[*39]を公開したところで、自由民主党の有力議員である橋本岳《がく》議員の妨害行為が入った。

橋本岳議員の「恫喝」

自由民主党衆議院議員の橋本岳議員は当時、厚生労働部会長。まさにこの働き方改革の国会審議において、自由民主党内で中心的な役割を担っていた議員だ。その橋本議員が五月七日にみずからのフェイスブックで、私のこの連載記事を論評したのだ。[*40]

その論評のなかで橋本議員は、「上西教授の、今回の裁量労働制関係データ問題を巡る一連の検証には、心から敬意を表します」と記しつつ、

> いきなり国会で答弁せず、野党に示した理由は「認識の刷り込み」を狙ったのだなどという説明は、後付けで噴飯《ふんぱん》ものもいいところの理屈です。

と記していた。そして、

> このシリーズは未完ですから、ここまで「意図した捏造《ねつぞう》」と指摘するからには、「捏造を指示した連絡」などがそのうちきっと証拠として示されるものと期待しています。これがあれば、決定的になりますから。

とも記していた。私はこれを、嘲笑と恫喝と受け取った。

見解に同意できないとしても、「心から敬意を表します」という相手に対して、「噴飯ものも

いいところの理屈です」という表現は、あり得ない。

さらに「『捏造を指示した連絡』などがそのうちきっと証拠として示されるものと期待しています」と言われても、「指示」の「証拠」など、第三者である私に示せるわけがない。にもかかわらず、「指示」の「証拠」を示せないのならば「捏造」などとは言わせないぞ、と恫喝された気持ちになった。

さらに不当だと思ったのは、橋本議員が、

　このシリーズで上西教授が改めてとりあげている論点は、「その不適切な表の作成が、誰かの指示により意思を持って捏造されたものなのではないか」にあるのだと認識しています。ひらたく言ってしまえば、総理なり厚労相なりが指示して捏造したのではないか、と疑われているのでしょう。


と記していたことだ。

このように記載されていれば、カギ括弧《かっこ》内は私の記事の記載通りだと思うだろう。カギ括弧は引用符だ、と。しかし私は連載記事のなかでそのような記述をしていない。「指示」という言葉は一回も使っていなかった。

にもかかわらず、私が「指示」という言葉を連載記事で使っていたかのように読み手に誤認させる書きかたをして、そのうえで、「『捏造を指示した連絡』などがそのうちきっと証拠として示されるものと期待しています」と締めくくられたのだ。一方的に論旨をねじまげて紹介し、そのうえで「指示」の証拠の提示を期待する。不当な恫喝だった。検証記事を書き続ける気持ちをくじこうとする意図が感じられた。

すぐに弁護士に相談

このフェイスブック投稿を目にしたのは五月七日の夕方。当日の夜には、ＴＢＳラジオ「荻上チキ・Session-22」が、高度プロフェッショナル制度を特集でとりあげ、私と佐々木亮弁護士が出演することになっていた。

フェイスブック投稿を読んで、かあっとなった気持ちを抑えつつ、その内容を記録に保存し、不当な圧力を受けたことをツイッターに記したうえで、番組に出演した。出演後の控え室で佐々木亮弁護士にそのフェイスブック投稿を見てもらい、「本当に『心から敬意を表します』というのなら、『噴飯もの』という言いかたはしないですよね」と見解を示したところ、「そうですよね」と受け止めていただくことができた。

それでやりすごそうかとも思ったのだが、どうにも気持ちが収《おさ》まらない。翌八日にはこの橋本議員のフェイスブック投稿について、共同通信の記事が出た。*41 私に関する記載についてはふれておらず、「(資料を)執拗《しつよう》に要求したのは野党で、繰り返し問い詰められ、(厚労省が)やむを得ず作成した」との橋本議員の釈明が取り上げられていた。

この共同通信の記事を受けて、橋本議員は五月九日の朝にフェイスブックの記述を訂正。野党に関する記述を修正するとともに、「噴飯もの」といった私への揶揄《やゆ》の表現も削られた。しかし、引用のようなカギ括弧つきのかたちでの私の論旨の不適切な紹介と、『捏造を指示した連絡』などがそのうちきっと証拠として示されるものと期待しています」という表現は、そのまま残っていた。この修正版のフェイスブック記事も、記録として保存した。

五月八日の共同通信の記事には、橋本議員が「明らかに事実と違うとか、不適切なことがあれば教えてほしい。真摯《しんし》に受け止めて対応していきたい」と語った旨が報じられていた。そこで私は翌九日の夜に、橋本議員のツイッターアドレスをところどころに記載しながら、ツイッター上から訂正を求めた。

記者会見を開こう

そして五月一〇日になって、ふと「記者会見を開こう」と思い立ったのだ。

記者会見を開こうと思ったのは、その前に中原のり子さんがおこなった異議申し立てを見ていたからだ。

中原のり子さんは「東京過労死を考える家族の会」の代表。「全国過労死を考える家族の会」の一員として、署名を集め、院内集会を何度も開き、与野党の議員に粘り強く働きかけて、二〇一四年の超党派の議員立法「過労死等防止対策推進法」の制定に尽力《じんりょく》されたかただ。

二〇一八年一月からの働き方改革関連法案の国会審議にも連日傍聴に出かけ、記者会見を開き、街頭演説にも立って、長時間労働を助長する裁量労働制の拡大や高度プロフェッショナル制度の創設に強く反対してこられた。私が二月二一日に衆議院予算委員会中央公聴会で公述人として意見陳述をした日には、朝に国会の受付前で出会っておにぎりをいただき、そのおにぎりを立憲民主党の控え室でいただきながら、私は午後の意見陳述に向けた原稿を書き続けた。

その中原のり子さんは、二〇一八年三月一三日の参議院予算委員会中央公聴会で公述人として意見陳述をおこない、「高プロ制のような過労死促進法を強行するのは過労死遺族に対する裏切りです」と指摘した。その中原さんに対し、質問に立った自由民主党の渡邉美樹議員が、

国会の議論を聞いていますと、働くことが悪いことであるかのような議論に聞こえてきます。お話を聞いていますと、週休七日が人間にとって幸せなのかと聞こえてきます。

と、面と向かって発言したのだ。*42

質問者は各党が指名する。「ワタミ」に入社した女性社員が入社二ヵ月で過労自死に追い込まれた、そのワタミグループの創業者である渡邉議員を質問者に立たせたのは、自由民主党だ。その自由民主党の判断も、この渡邉議員の発言も、明らかなハラスメントだった。

それに対し、中原さんはその公述の場で冷静にみずからの意見を述べたうえで、三月一六日に記者会見し、「週休七日がいいと言ったことはない。国会で遺族の思いをねじ曲げることは看過できない」と渡邉議員の発言を批判。さらに、渡邉議員の事務所を訪問し、発言の撤回と謝罪を求めたのだった。そして、発言は撤回され、謝罪され、議事録からも削除されることとなった。

中原さんはこの渡邉議員の発言の不当性を、街頭演説の場でも語っていた。問題は単にやりすごすのではなく、**不当な圧力に対してはきちんと異議申し立てをすべき**だと、この中原さんの姿を見ていて私も思った。前を歩む人の姿にならおうと思ったのだ。

五月一〇日にちょうど労働弁護士の方々と会う機会があったので、そこで提案したところ、すぐに翌一一日の記者会見の場を設定していただいた。そうしている間に、カギ括弧内が引用ではない旨を追記したとの連絡が橋本議員からツイッターで入った。けれども、それが引用ではないことが追記されただけで、カギ括弧はつけられたままだった。その修正についても記録を保存したうえで、記者会見はそのまま開くことにした。削除や修正があっても、最初の投稿の事実が消えるものではないと、助言されたからだ。

五月一一日の厚生労働省記者クラブでおこなわれた記者会見には、嶋﨑《しまさき》量《ちから》弁護士と竹村和也弁護士に同席していただき、それぞれコメントいただだいた。私は二〇ページの資料を用意し、記者に来て報じてくれることをツイッターで求めたうえで臨んだ。

記者会見の場で嶋﨑量弁護士からは、これは国会議員による「学問の自由」の侵害なのだ、という指摘がおこなわれた。戦前に学者への弾圧の歴史があったがゆえに、憲法に「表現の自由」とは別に「学問の自由」が明記されたことにも言及があった。

「ああ、そういうことだったのだ」と、私は嶋﨑弁護士の指摘をうけて、初めて気づいた。自分がハラスメントを受けている立場にいると、大局的な視点は見失いがちになる。**これは「学問の自由」の侵害なのだ**という視点は、記者会見をしようと思い立ったときの私には、なかった。

記者会見の様子は、毎日新聞など一部のメディアで報じられた。*43 形だけの謝罪をされても意味はないので、橋本議員に対しては、特に何も求めなかった。異議申し立てをおこなうことそのものに意味があると思った。今でもそう、思っている。記者会見を開いたことによって、さらなるバッシングを受けることは、なかった。

この橋本議員のフェイスブック投稿の問題は、毎日放送の『MBSドキュメンタリー映像'18　バッシング~その発信源の背後に何が~』（二〇一八年一二月一六日放送、ディレクター・斉加尚代）の中でも、「科研費」（科学技術研究費助成事業）をめぐる国会議員による大学教員へのバッシングや、匿名ブログの呼びかけによる弁護士への大量の懲戒《ちょうかい》処分の申し立てなどとともに、取り上げられた。

私のこの経験は、特別なのかもしれない。状況によっては、もっと慎重な対応を取ったほうがよい場合もあるだろう。けれども、このときの私が、記録を保存したうえで早めに弁護士に相談し、異議申し立てをしたこと、広く問題を可視化したことは、よかったと思う。なにより、問題をずっと抱え込まずに済んだ。

そんなに身近に相談できる弁護士はいない、という人も多いだろう。けれども、できれば信頼できる弁護士のかたと知り合いになっておくことができれば、いざというときに心強いだろう。[*44]私には今、気軽に相談できる労働弁護士のかたや、労働組合のかたや、市民運動のかたがいる。私が心ない誹謗中傷をそれほど受けずに済んでいるのは、そういう人脈があり、それが可視化されていることが、強力な「バリア」になっているからだろうと思う。

総長メッセージ

さらに私の場合は、勤務先である法政大学が、「自由で闊達《かったつ》な言論・表現空間を創造します」との「総長メッセージ」を五月一六日に発表してくれた。*45

昨今、専門的知見にもとづき社会的発言をおこなう本学の研究者たちに対する、検証や根拠の提示のない非難や、恫喝や圧力と受け取れる言動が度重ねて起きています。その中には、冷静に事実と向き合って社会を分析し、根拠にもとづいて対応策を吟味《ぎんみ》すべき立場にある国会議員による言動も含まれます。

日本は今、前代未聞《ぜんだいみもん》の少子高齢化社会に向かっています。誰も経験したことのない変動を迎えるにあたって、専門家としての責任においてデータを集め、分析と検証を経て、積極的にその知見を表明し、世論の深化や社会の問題解決に寄与することは、研究者たるものの責任です。その責任を十全に果たすために、適切な反証なく圧力によって研究者のデータや言論をねじふせるようなことがあれば、断じてそれを許してはなりません。

世論に多様性がなくなれば、働く現場は疲労困憊《こんぱい》し、格差はいっそう拡がり、日本社会は硬直して出口を失うでしょう。柔軟性をもって意見をかわし、より良い方法を探ることこそ、いま喫緊《きっきん》に必要なことです。

「自由を生き抜く実践知」を憲章に掲げる本学は、在学する学生・院生、本学で働く教職員の、積極的な社会的関与と貢献を評価し、守り、支援します。互いの自由を認めあい、十全に貢献をなしうる闊達な言論・表現空間を、これからもつくり続けます。

今後、全国の研究者、大学人の言論が萎縮《いしゅく》する可能性を憂慮し、本学の研究者に起きていることを座視せず、総長としての考えをここに表明いたします。

二〇一八年五月一六日　法政大学総長　田中優子

多くの人が自由にみずからの意見を表明するにあたって最も大きな支障となるのは、職場や家族に迷惑がかかる懸念だろう。そういう現状のなかで、田中優子総長がこのように公に見解を発表してくれたことは、とてもありがたかった。

さらに六月八日には、明治大学が「自由な学問と知的活力のある大学へ（学長・学部長声明）」を公表。*46

近来、一部国会議員や言論人が、学問の自由と言論表現の自由に対して、公然と介入し否定する発言を行っているのは、憲法を無視しているだけではなく、私たちの日常を支えている、民主主義のモラルを公然と否定するものです。「権利自由」「独立自治」を建学の精神とする本学にとって、この事態は看過できるものではありません。

として、「私たちは、田中総長のメッセージを支持いたします」と意見表明した。

お上にたてついてはいけない

4

国会パブリックビューイング——可視化が持つ力

「政治をめぐる呪いの言葉」の章の最後に、私が代表を務める「国会パブリックビューイング」の取り組みを紹介したい。「呪い」に対抗するには、それが「呪い」であることを広く可視化することが有効だと示すために。

メディアが国会を報じない

二〇一八年一月からの働き方改革関連法案の国会審議に関わっていくなかで、私は、不都合な事実にまったく向き合わず、何も問題がないかのようによそおう安倍政権の姿勢を、どうしたら世の中に知ってもらえるだろうかという問題関心を強めていった。

法案に含まれていた裁量労働制の拡大は、データ問題が紛糾《ふんきゅう》したことによってテレビでも報じられたが、より労働者保護に欠ける高度プロフェッショナル制度の創設については、ラジオや衛星放送では報じられたものの、地上波テレビではほとんど報じられなかった。

NHKが「クローズアップ現代＋《プラス》」で取り上げたのは五月三〇日になってからで、[*47]衆議院厚生労働委員会で採決がおこなわれた五月二五日よりも後のことであり、衆議院本会議での採決の前日だった。「議論白熱！　働き方改革法案〜最大の焦点〝高プロ制度〟の行方〜」というタイトルでありながら、すでに法案成立の見通しが確実になってから論点を報じる。本来問われるべきタイミングで問わない。なぜと、強く疑問だった。

新聞各紙は姿勢の違いが顕著だった。衆議院厚生労働委員会で採決がおこなわれた翌日の五月二六日の朝刊を見比べてみると、毎日新聞は一面トップ、朝日新聞は一面左上で報じていた一方で、産経新聞は一面では掲載記事のインデックスでの記載のみ。日本経済新聞はインデックスにさえ記載がなかった。読売新聞は一面に、「労基署業務　一部民間に」という大きな見出しの記事の下で採決を報じており、東京新聞は採決の写真を一面に掲載したうえで三面の記事につなげていた。[*48]

これだけ扱いが違えば、新聞を購読していたとしても、法案の内容さえ認知しないままの人が数多く存在し続けてしまう。**高度プロフェッショナル制度の創設に肯定的な日本経済新聞は、都合の悪い国会審議については、極力報じない**という姿勢が顕著だった。「高度プロフェッショナル制度」という言葉さえも、「脱時間給」という独特の言葉に置き換えて報じ続けた。働く人たちが日々の情報収集のために読む日本経済新聞。なのに、その人たちの働きかたに大きな影響を与える可能性が強い法改正について、報じず、認知させない。そんなことでいいのか、という問題意識が強かった。

街頭に国会映像を出前する

ネットで発信しても届かない人には、どう認知してもらえるか。通勤の電車のなかでじっくりと日本経済新聞を読んでいるような人たちに、国会で何が起きているか、知ってもらうためにはどうしたらよいだろう。そう考えながら、ツイッターにこう書いた。二〇一八年六月一一日のことだ。

> 院内集会で話をしたんですが、この働き方改革関連法案をめぐる審議、単に政府案が成立するか否か、という問題を超えています。
> 法案の成立のためには、答弁もコロコロ変える、資料も捏造《ねつぞう》する、都合の悪いことはもっともらしい理由をつけて答弁を拒否する、それも無理なら「いずれにいたしましても」。

こんな国会審議は、与党も経済界も認めてはいけない。
これは、日本社会に生きる大人の責任です。
ともかく、明日の午後の国会審議、特に野党の国会審議を見てください。
国会審議そのものが、液状化のような状況に陥っていることを知っていただきたい。

すると、こんなリプライが届いた。

彼らは、常套《じょうとう》手段で、強行採決してしまう。
国会の中と外の声が、まだまだ小さいのだろうか。

それを見て、ふと思い立ち、こう書いてみた。

街頭上映会とか、できないですかね。
働き方改革をめぐる国会審議のこの状況を見てください、と。

問題場面をハイライトで編集して。

野党の皆さん、労働団体の皆さん、どうですか？

国会審議の液状化、一般市民に可視化が必要です。

そして、こんな場面も、あんな場面も、見ていただきたいのだと列挙したところ、こんなふうに映像を流している、と実際の街頭上映の様子を画像つきで知らせてくれる人がすぐに現れた。


そうです。こんなのを、スタンディングと「働き方改革のひみつ」のリーフレット配布と、ちょっとしたスピーチや映像解説と一緒にできないですかね。

今度の0615新橋デモの終着点でとか、難しいでしょうか？　私、解説できますけど。


国会審議なんて、どうせ関心がある人しか見ていないから、いくらでも野党の質疑は不誠実にかわし続けていればいい、と思われてるんですよ。

国民には編集して立派な姿だけ見せておけば大丈夫、と。

と反応して、すぐに六月一五日の新橋デモの主催者に相談した。私は終着点の新橋SL広場でスピーチを依頼されていた。そこに国会審議映像を加えられないかと思ったのだ。

そこから事態は急展開する。新橋デモの主催者が、実現の道を探ってくれて、知り合いに協力も呼びかけてくれて、着想の四日後の六月一五日には新橋SL広場で働き方改革の国会審議映像を切り取ってスクリーンを使って上映し、私が解説するという試みが実現した。デモと同時並行で展開し、多くの人が集まってくれた。国会審議映像を映しながらの街頭行動というアイデアは、画像や動画とともにツイッター上で拡散され、大きな反響を呼んだ。[*49]

このときに協力してくれた人たちと私は、そのあとで「国会パブリックビューイング」という団体を結成し、みずから代表となり、街頭上映を中心としながら活動を展開していくことになる。

その中から気づいた点を三点、以下で触れておきたい。**第一に、映像そのものが多くを語るということ、第二に、路上は表現空間であるということ、第三に、種は活動を広げていく、ということだ。**

映像そのものが多くを語る

まず、映像そのものが多くを語る、ということ。国会パブリックビューイングでは、三分程度に切り取った国会審議映像を解説つきで街頭上映している。働き方改革については、私がおこなった解説を組み込んだ独自番組を二〇一八年七月に自主制作し、その映像を街頭で流してきた。その後、外国人労働者受け入れ拡大に向けた入管法（出入国管理及び難民認定法）の改正の国会審議や、統計不正に関する国会審議については、タイムリーに街頭上映すべく、数日前の注目の国会審議を切り取って、スクリーンで上映し、その横で解説するスタイルをとった。

ニュースで国会審議が報じられるときには、ごく短く編集して報じられる。野党の質疑場面は省略され、安倍首相の答弁だけが紹介されることも多い。しかしそれでは、国会審議の実情は伝わらない。

だから私たちは、国会審議のポイントを三分程度に切り取るが、「切り取り」はしても、その切り取った部分について、**「切り貼り編集」はしない**。野党の質疑に安倍首相が、各大臣が、政府関係者が、どう答弁したか、そのやりとりをそのまま切り取って字幕つきで上映する。そうすると、それだけで、政府答弁の不誠実さは、見る者にわかるのだ。

たとえば二〇一八年五月二三日の衆議院厚生労働委員会。「全国過労死を考える家族の会」の方々が安倍首相に面会を求めていた件について、その要請を受け入れて会っていただきたいと国民民主党（当時）の柚木道義《みちよし》議員が再度求めた場面では、安倍首相は答弁に立たず、加藤厚生労働大臣を答弁に立たせた。柚木議員が質問通告通り安倍首相に答弁を求めて強く抗議し続ける中で、高鳥修一委員長は議場の混乱を放置し、加藤厚生労働大臣は何を答弁しているのか聞き取れない声で、論点をそらした答弁を平然と続けた。[*50]家族の会の方々が一五人以上傍聴席で見守っていた、その場において。

「働く人のための働き方改革」という印象を振りまきながら、実際の国会審議はこういう状況であるということが、ただ映像を街頭で映すだけで、道行く人に伝わる。私たちが「こんなに大変なことになっているんです！」と訴えなくても、映像を見る人が自分で判断できる。映像そのものが多くを語るのだ。

この五月二三日の衆議院厚生労働委員会の議事録を見ると、そこには加藤厚生労働大臣が淡々と答弁したかのように言葉が並んでいる。映像では聞き取れなかった加藤大臣の言葉だけが、そこには並んでおり、「なんでご遺族の声を、ブロックするんですか。安倍総理に会いたいと、面会要請されているんですよ」「ちょっと（委員長）、止めて下さい」といった柚木議員の発言は、収録されていない。これらの柚木議員の抗議は、委員長が適切に差配せずに議場の混乱を放置したからこそそのものなのだが、そのような委員長の差配の不適切さも、議事録には残らない。けれども、映像には残るのだ。

私たちの国会パブリックビューイングの活動は、他の地域にも同様の取り組みをおこなう団体を生み出した。その一つである「京都で国会パブリックビューイング」のメンバーでゲーム作家の飯田和敏教授が、「印象操作は、もうできない」と二〇一九年一月のイベントで語っていたことが、印象に残っている。

そう。**可視化を徹底させれば、印象操作はできない**のだ。いくら働き方改革は長時間労働の是正のためのものだという印象をおもてで振りまいても、そしていくら報道に圧力をかけて報じさせないようにしたとしても、国会の映像はインターネット審議中継で公開されており、それをそのまま街頭に持ち出すだけで、印象操作の裏側は道ゆく人に見えてしまうのだ。「野党は反対ばかり」や「野党がだらしないから」といったレッテル貼りがいかに不当なレッテル貼りかも、映像によって可視化される。野党がまっとうに問題を指摘しても、その問題に答えることを回避する、そんな政府側の不誠実な態度が可視化されれば、だらしないのはどちらなのか、見る人にはわかるのだ。

路上は表現空間

第二に、国会パブリックビューイングは、路上に独特の表現空間を生み出す。スクリーンが置かれ、そこに国会審議映像が流れている。「何だろう」と立ち止まった人が、そのまま映像を見続ける。

そういう街頭行動のありかたに関心を持ち、自分もやってみたいと考える人からいちばん多く寄せられるのが、「道路使用許可は取っているんですか？」という質問だ。実際、私も六月一五日に新橋SL広場で街頭上映を実施したときに、まず気にしたのがそこだった。

私たちは、**国会パブリックビューイングの街頭上映にあたっては、道路使用許可を取っていない**。車道や私有地は許可なく使ってはいない。駅前広場などの公共空間を、許可を取らずに使っている。通行に著しい影響を及ぼす行為ではないため、道路使用許可を取る必要がないと考えているからだ。労働組合や市民団体や弁護士など、街頭でさまざまな行動を展開してきた人たちに相談したうえで、そう判断している。

この点に関して、私はメンバーで映像作家の横川圭希《けいき》さんから学ぶことが多い。横川さんは街頭行動を積極的におこなう議員の活動を支援してきたかただ。路上の空間は、一つ一つの実践を通じて、勝ち取ってきたものだと彼は語る。

その話を聞いて、私は考えさせられる。そもそも公共空間とは、誰のものであるのかと。

公共空間は、本来「私たち」のものなのだ。私たちは、路上にスーツケースを置いて本を読みながら人を待つときに、警察の許可がいるだろうか、とは考えない。同窓会のあとで路上で集合写真を撮って話を続けているときに、警察の許可がいるだろうか、とは考えない。なのになぜ、街頭行動をするのには警察の許可がいるのでは、と考えてしまうのか。

街頭行動をするときに、「警察の許可がいるのでは」と考えること。それは、「**お上《かみ》にたてついてはいけない**」と私たちが無意識のうちに考えているからではないのか。第2章で見た、「バイト先の店長に対して文句は言えない、逆らえない」と考える学生たち。実はその学生たちと私たちは、同じ考えかたを内面化させてしまっているのではないか。

私たちには、言論の自由がある。表現の自由がある。**国会パブリックビューイングを含む街頭行動は、その言論の自由、表現の自由を、路上で具体的に行使することだ**。公共空間だから、通行を著《いちじる》しく妨げてはならないとか、大音量で上映してはいけないとか、おのずと守られるべき秩序はある。けれども、それは、公共の空間を他の人たちと共有するうえでの節度の問題であって、表現空間を公共の場所に現出させるために警察の許可が必要か、という問題ではない。

しかし、公共空間が管理された空間になり、それに私たちが慣れてしまうと、もうそこでは表現行為ができなくなる。権利はおのずと保障されるものではなく、勝ち取り続けなければ、失われてしまう。公園がデモの出発時の集合場所として使えなくなったり、公共施設で政治的なテーマの集会や会議が開けなくなったりする。

それを「仕方がない」と思ってしまえば、私たちはもう、公共の空間で異議申し立てができなくなる。それで都合がよいのは誰なのか、都合が悪いのは誰なのか。言うまでもなく明らかだ。

だから、許可を取らなくても使える公共空間を、実践のなかで確保し続ける。それが大事なのだというのが、横川さんの考えだろう。私は当初は、「何かあっても、横川さんがいるなら大丈夫だろう」ぐらいに考えていたが、街頭上映の実践を重ねるにつれて、公共の表現空間を確保し続けることの意味が、だんだんしっくりくるようになった。

種は活動を広げていく

第三に、種は活動を広げていく。私たちの国会パブリックビューイングの活動は、広がりを見せている。

二〇一八年六月一五日に新橋ＳＬ広場で街頭上映をしたときには、その後の展開は考えていなかった。けれども反響の大きさを踏まえて、今後も、自分たちの思い通りのスタイルでやりたいよね、ということになり、独自の団体を結成した。そして、ツイッターのアカウントを作り、寄付をつのり、解説つきの国会審議の映像作品を制作し、街頭上映を行い、YouTubeで流し、ＤＶＤを作って配り、シンポジウムを開催し、各地で上映交流会を開き――と、活動を展開してきた。ひとつのことをやってはその反響を見て次につなげる、というサイクルを繰り返してきた。たくさんの寄付も寄せていただいた。

「国会パブリックビューイング」という名称も、ツイッターで広く募集して決めたものだ。サッカーのワールドカップのパブリックビューイングのように、ビール片手に、ワイワイ言いながら国会審議を見られるようになるといいよね、というのが当初のイメージだった。

いつか本当にビール片手に見られたらいいな、という構想をツイッターに書いていたら、八月の終わりに「柿の種」六袋詰二パックが、匿名のかたからレターパックで届けられた。添えられたお手紙には、応援の言葉とともに、こう記されていた。

先日先生のツイを見ていたら『重版出来！』《じゅうはんしゅったい》の「たんぽぽ鉄道」の回をあげていらして、あ、これだ！　と思いました。似てるんですよ、雰囲気が。

政治について、みんなうんざりしている。家で政治のことを話すと家族が嫌がるというの、すごくわかる気がします。だから見ないようにするという悪循環。でもこれ、政府の思うつぼなんですよね。

そんななか、先生の活動はなんだか雰囲気が明るいんです。

（**中略**）

なんかもう、どんどん「勝手にひろがっていく」。

この勝手に広がっていく感じ。これがあの「たんぽぽ鉄道」の回の雰囲気に似ていい

るんです。タンポポって根が凄《すご》いんですよね。地上の部分が壊れても根っこが残っていると、また花が咲く。ちっぽけなたよりない綿毛がふわふわ飛んで各地に広がって、根付いたら何度踏み潰《つぶ》されても復活する。

まさに雑草。しぶといから何度でも「蒸し返す」「忘れない」……これ、政権が一番いやがることですよね。みんなが・それぞれのやりかたで・ちょこっとだけ（綿毛いっこぶん）・日本中でやってみる。しかも楽しく。お手軽な市民運動。

この活動が魅力的なのは、ここなんだと思います。

『重版出来！』は松田奈緒子のコミック（小学館、二〇一三年〜）で、二〇一六年にTBS系列でドラマ化された（脚本・野木亜紀子）。出版社を舞台にしたコミックの第一巻（ドラマでは第二話）で、営業部のさえない若手男性社員である小泉純が、『タンポポ鉄道』という漫画の販売促進を担当することになり、新人で前向きな女性社員である黒沢心《こころ》と組まされる。

書店回りは大変だと思っていた小泉だったが、鉄道コーナーへの配置を働きかける黒沢心や、コーナーを展開する書店員、その画像を見て涙する漫画家、彼を支援する編集者らの姿に目が向くようになる。そして営業部の先輩の手帳を見せてもらって、本気で仕事をしてみようという気持ちになり、旅行本コーナーに置いてもらえるよう書店に働きかけることを思いたつ。さらにタンポポ柄の便箋《びんせん》に思いをこめた手紙を書いて各書店に届けたところ、各書店からの反応があり――という展開のなかで、本を売るという仕事に手応《てごた》えを感じていくというストーリーだ。

電車に乗った小泉は、ふと気づく。『タンポポ鉄道』が車内広告で取り上げられ、座席に座っている人たちが『タンポポ鉄道』の漫画を読んでいることに。そして、タンポポの綿毛が広がっていくイメージのなかで、小泉は高揚《こうよう》した気持ちでこうつぶやく。

ヤバイ……
もう戻れない 他人に憧れていた頃には。
これが僕の仕事なんだ……
これが、営業のおもしろさなんだ!!!

自分たちが手掛けた漫画が、タンポポの綿毛のように、書店に、読者に、広がっていく。編集者、営業担当、書店員――この三者がしっかり手をつなぐことで、売るための努力が実を結び、種が根付いて花を咲かせていく。

そんな『タンポポ鉄道』のストーリーと国会パブリックビューイングの活動を重ねたお手紙

と、柿の種。この柿の種もまた、タンポポの綿毛のように、活動を広げていく「種」なのだと思った。

そこで私たちは、「柿の種」にメッセージを込めて、街頭上映や上映交流会の場で配り始めた。みなさんも種を持ち帰って、この活動を広げてほしい、と。

そうしていくなかで、私たちの映像作品を街頭上映してくれるグループや、レンタルスペースで室内上映して意見交換につなげてくれるグループ、独自のテーマと映像で街頭上映に取り組むグループなど、「パブリックビューイング」の活動が広がってきた。東京新聞など、新聞でも取りあげられるようになり、前述の毎日放送『映像'18 バッシング』でも、活動が紹介された。今では、国会議員がみずからの国会審議映像とともに街頭演説をおこなうといった取り組みも広がりを見せてきている。

創意工夫する楽しさ。フィードバックがある喜び。意図的に論点をずらし、くだくだしい説明をおこない、野党を、そしてその背後にいる国民を、愚弄《ぐろう》するような答弁を続けている国会審議を、おどろおどろしく示したのでは拒否感が前面に立つだろうし、私たちも負担感が出てくる。けれども、こうして楽しんで創意工夫し、それを楽しんでくれた人が、今度はみずからの創意工夫に活《い》かしてくれる。そういう流れを続けていけるなら、私たちは、呪いに押し潰されずに済む。

第5章 灯火の言葉

その人の「今」を評価する

1

人を動かす言葉

呪いの言葉とそれに対する抗しかたを、これまでの章で見てきた。

本章では視点を変えて、相手を怯えさせ、萎縮させ、思考と行動を縛る「呪いの言葉」とは対照的な、相手に力を与え、力を引き出し、主体的な言動を促す言葉に目を向けたい。

エンパワーメントにあたる言葉は

そのような言葉を端的《たんてき》に何と呼んだらよいだろうか、「賦活《ふかつ》」という言葉を思いついたが硬すぎるので、とツイッターで呼びかけてみたところ、「言祝《ことほ》ぎ」「解放」「目覚め」「鼓舞《こぶ》」「扶翼《ふよく》」「背中を押す」「翼となる」「励起《れいき》」「後《うし》ろ見《み》」など、いろいろなかたからアイデアをいただいた。

さらに、「empowerment」のことだという指摘があった。エンパワーメントとは、その人が持っている潜在的な力を発揮できるようにする、そのような支援のありかたを指す言葉だが、適切な日本語がない。そうしたところ、同じかたから、「扉を開く言葉」「心に明かりを灯す言葉」「勇気の言葉」と、さらに提案をいただいた。それを受けて、「灯火《ともしび》の言葉」という表現が浮かんだ。

私が「灯火の言葉」という表現でイメージするのは、心のなかに静かに燃える灯《ひ》だ。体をあたため、気力を起こさせ、しっかりと立とうとする自分を支える灯。「呪いの言葉」を投げつけてくる人がいる一方で、そんな「灯火の言葉」を届けてくれる人もいる。そういう話をしたい。

言葉の力

言葉の力について深く考えるようになったのは、伊藤圭一さんの言葉との出会いからだ。伊藤さんは全労連という労働組合のナショナル・センターの雇用・労働法制局長を務めているかたで、私が衆議院厚生労働委員会で職業安定法改正案に関して二〇一七年三月一四日に参考人意見陳述をおこなった際に、依頼側の窓口を務めたかただ。それまで、伊藤さんとは面識はなかった。

同年三月九日に参考人の依頼をいただき、対面での一度の打ち合わせとメールのやりとりを経て、三月一四日に意見陳述をおこなった。依頼者と参考人という関係はそこで終わったのだが、その後も三月末まで、伊藤さんとは頻繁にメールのやり取りをするようになった。

三月一四日の意見陳述原稿をWEB記事で公開して以降、職業安定法改正の国会審議にコミットすべく、私は四月上旬までに四本の論点整理のWEB記事を執筆し、公開した。*51 伊藤さんの依頼によるものでも、誰の依頼によるものでもなく、自発的におこなったものだ。何が私を動かしたか。伊藤さんの言葉だ。

フィードバックをもらって

参考人意見陳述の翌日の三月一五日の衆議院厚生労働委員会において、民進党（当時）の井坂信彦議員が、私の指摘した論点を取り上げた質疑をおこなった。それに対する政府答弁によって、法改正案が、このままでは求人トラブルの改善につながらないことが明らかになった。見栄えのよい求人情報で求職者を引きつけておき、労働契約の直前になって実際の労働条件を提示しても、問題ないかのような改正内容となっていたのだ。同日のうちに衆議院では採決がおこなわれ、法案は参議院に送られることになった。では今後、できることはないのか。

三月一五日の審議をインターネット審議中継で追いながら、そんな問題意識を持ち、伊藤さんにメールでそれを伝えたうえで、井坂議員の質疑に対する政府答弁の問題点を指摘したWE

B記事を急遽《きゅうきょ》、書くことにした。三月一六日の二一時頃に概略を書きあげ、伊藤さんにメール添付で送り、（非常識だが）朝までに意見をいただきたいと求めたところ、同日の二二時半ごろに返信があった。

これはすごいですね、グイグイと引き込まれました。

井坂質疑の面白さ、意義、どのような問題があらわにされたのか、塩崎大臣がなにを誤魔化そうとしているのか、先生の解説で先へ先へと導かれます。

この記事は広く読まれるべきで、参議院厚生労働委員会の委員には緊急に読んでいただきたい、審議入り前に届けて働きかけたい、とメールは続いていた。

こんなふうにストレートに、勢いのある言葉で、誰かから肯定的なフィードバックをいただいたのは、これが初めてだった。この言葉に、私がどれだけ力をもらったか。ふだんは徹夜などしないが、取り急ぎ書き上げたいと思い、そのまま朝まで書き続けて公開した。

肯定的な言葉がけ

その後、伊藤さんには、国会審議はこれからどう進むのか、労働政策審議会での検討プロセスはどうであったのか、法案成立後の省令・指針に国会審議はどう反映されるのか、省令・指針に改善策を確実に刻み込むためにはどのような論点立てが重要なのかなど、メールであれこれ尋ね、意見交換した。伊藤さんは忙しそうではあったが、「メールもスマホで受けられますので、御用はいつでもどうぞ」と書いていただいていたので、遠慮なく何でも尋ねた。そして国会審議をネットで追いながら、論点整理の記事を続けて書くことにした。

けれども、「大失敗したなあ」と思ったのが、三月一九日のことだ。この日は日曜日。伊藤さんに大事な行事があることは、知りあいの弁護士から聞いて知っていた。にもかかわらずメールを送っているとき、伊藤さんがどういう状況にあるかは思考の外にあった。昼前後に二度のメールのやりとり。その後一七時過ぎに伊藤さんからメールがあり、行事で返信が遅くなったことのお詫びの言葉が含まれていた。そのメールに対し、私はすぐに問いかけを含むメールを返している。

二四時近くになって、新たに記事を書いたことを知らせるメールを送ろうとして、はたと気づいた。自分が今日、相手の状況を知りながら、そこに思いを至らせずに一方的に質問のメールを送っていたことに。そこで、

――今日は大事な偲《しの》ぶ会のときに気ぜわしくメールを送ってしまい、失礼しました。――

と記した。すると、夜中の一時過ぎになって、こんな返信があったのだ。

上西先生、気ぜわしくなどということはありません。
こちらが行事で手が回らないときにも、重要なお仕事をしていただき、感謝しています。先生の発信力が奏功し、この問題が急速に知られるようになったおかげで、会に参加した弁護士や議員とも、意見交換ができました。私の拙《つたな》い主張ではピンときてくれなかった人々が、先生の記事で理解をしてくれるようになりました。ありがとうございます。

これを読んだときには涙が出た。私ならそのままスルーしてしまったかもしれないひと言だ。応答したとしても、「大丈夫です。お気遣《きづか》いなく」のような言葉しか書けなかっただろう。
私からのメールを昼間に受け取って、伊藤さんが気ぜわしくなかったはずはないのだ。けれども、「気ぜわしくなどということはありません」と記し、私が記事を書き続けていることを評価し感謝する言葉につなげている。とうていかなわないな、と思った。そして、伊藤さんの言葉の力を考えるようになった。

肯定と期待の違い

そうして考えたことを、三月二〇日の夜にツイッターにこう書いた。

人を動かす言葉を持った人に出会った。

その人の言葉が、なぜそういう力を持つのかを考えていて、肯定的に認められること、肯定的なフィードバックを返されることが、言葉を受け取った者にとって大きな力となるのだと思い至る。

わかりやすく言えば「ほめて育てる」だ。

「ほめる」は「叱る」と対比的に語られがちだけれど、むしろ「ほめること（認めること）」と「期待をかけること」の区別が大事。

人を動かす言葉を持っている人は、期待があってもその期待については自制して語らずにおける人であり、一方で肯定的に認める言葉については積極的に送り届けられる人なのだと思った次第。

肯定的に認めるとは、その人の「今」を評価すること。期待をかけるとは、その人の「今」の、「その先」を評価すること。

期待されてがんばる人もいるが、期待されるとその期待につぶされる人もいる。期待とは、「今」のままでは不十分だと、「今」を否定することでもある。

相手を肯定的に認めることは、多くの人はできるのだ。けれど、肯定的に認めていることを、てらいなく、力強く、言葉にして相手に実際に届けられる人は、そう多くない。それができる人が、「人を動かす言葉を持った人」なのだと思う。

国会審議にリアルタイムで関与していくには、タイミングが重要だ。けれども、伊藤さんからは、いつまでにこれを、とは一度も言われなかった。関与を続けるかどうか、どう関与するかは、全面的に私の判断に任されていた。一方で、私がメールで質問すれば答えてくれ、書いたものについては、肯定的なフィードバックの言葉を丁寧に返していただいた。

そのなかで、私は続けて記事を書いた。根を詰めて書いた。もしそれが要求されたものであったら、心理的な負担はとても重かっただろう。けれども、要求はなく、期待の言葉も控えていただいた。

参議院厚生労働委員会では、記事に記した論点を民進党（当時）の石橋通宏《みちひろ》議員らが引き継いで質疑し、塩崎恭久《やすひさ》厚生労働大臣（当時）から前向きな答弁を引き出すことができた。それにより、募集・求人段階からの固定残業代制や裁量労働制の明示が、指針に盛り込まれることになった。[*52]

そういう経験があって、私はその後、働き方改革をめぐる労働政策審議会の傍聴に行くようになった。そして、法案要綱を読み解き、国会審議に注目し、二〇一八年二月に、裁量労働制に関する安倍首相の答弁がおかしいと指摘し、第4章に記したように、働き方改革の法改正をめぐって政権と正面から対峙《たいじ》していくことになったのだ。

世の中の役に立ったしね

2

相手と向き合う

定型句を超えて

伊藤圭一さんの言葉に注目するようになってから、私は伊藤さんとメールでやりとりする際に、肯定的なフィードバックを返すことを意識するようになった。

「コメントいただき、ありがとうございます」「ご支援いただき、ありがとうございました」。けれども、どうにも定型句を超えられない。これでは「ご乗車いただき、ありがとうございます」の車内アナウンスや、「いつもきれいにお使いいただき、ありがとうございます」というトイレのプレートと変わらない。

多忙ななかで手早く返信しようとすると、定型句を超えた言葉は出てこない。ほかならぬ自分が、ほかならぬその相手に、肯定的な言葉を届けるためには、ひと呼吸おいて、まっすぐに相手に向き合わなければいけない。そうでないと、エンパワーメントの言葉、「灯火《ともしび》の言葉」は生まれてこない。

自分ではまだ「灯火の言葉」を持てないのだが、「灯火の言葉」を届けてくれる人の声は、だんだんと聞き取れるようになってきた。聞き取った言葉を書き留めておくと、それは**自分を支える複数の心の灯**となる。

言葉による支え

O医師は、以前から私に「灯火の言葉」を送り続けてくださっているかただ。数ヵ月に一度、定期的に診療に通っているが、そのときのなにげない一言が、その後の数ヵ月を支える、そういう言葉がけをしてくださるかただ。

仕事がらパソコンの前に座っていることが多く、ストレスが溜《た》まってくると、難しいのが体重管理だ。「体重を減らせば、血液検査のこの数値もよくなるよ」「閉経後に同じ量を食べていると、いきなり体重が増えるからね」など専門家としてのアドバイスもくださるのだが、信頼するO医師の期待に応えようと思いつつも、なかなかそうもいかない。ストレスを手早く解消するうえでも、書き続ける気力を維持するうえでも、食べるという行為は重要なのだ。

日常的な体調管理は自己管理によるしかないから、医師としてはその自己管理を側面からサポートするしかないと、わかっておられるのだろう。結果が出なくても、Ｏ医師は否定的な言葉を投げない。「まあ、そういうこともあるよね」「記録するだけで痩《や》せるなら、苦労はしないよね」。そうやって緩やかに受けとめてくださる。

そして、私が運動を始めたことを報告すると「いいね、それは」と肯定してくださり、体重が減ってくると、「いい調子だね」と認めてくださる。もう何年も、そういうやりとりを続けている。

よい結果には肯定的なフィードバックを返し、悪い結果にはありのままに受けとめた言葉を返す。初診のときはじっくり話を聞いていただいたが、再診後は、一回の問診は数分だ。その数分のやりとりのなかに、心に届く言葉がまざる。そうして、自己管理の力を引き出そうとする。稀有《けう》な力を持つかただ。

その医師のもとを、二〇一八年の三月末に半年ぶりに訪れた。裁量労働制のデータ問題をめぐって国会対応やメディア対応に多忙を極めていた時期だった。

「すいません、このところ忙しくて、運動する時間もなく……」

「何が忙しかったの？」

「実は……」

「えっ⁉」

O医師は、私が大学の教員だということは、ご存じだ。労働問題を扱っていることもご存じだ。働き方改革の国会審議のなかで、裁量労働制をめぐるデータ問題が紛糾《ふんきゅう》し、裁量労働制の拡大が法案から削除されたこともご存じだった。けれども、その動きに私が関与していたことは、ご存じではなかった。

そこで、ひとしきりその話題で盛り上がり、最後にO医師がひと言。

「いい仕事をしたね。世の中の役に立ったしね」

いつもは、メモしておこうと思いつつ、メモを忘れて、おぼろげになってしまうO医師の言葉。このときはすぐに、メモを取っておいた。「灯火の言葉」として、心にとどめておけるように。

言葉がうながす

もうひとり、WEBメディアの『ハーバー・ビジネス・オンライン』の高谷洋平編集長の言葉を紹介したい。これもやはり、「肯定的なフィードバック」の言葉だ。

高谷編集長は、ハーバー・ビジネス・オンライン編『枝野幸男、魂の3時間大演説「安倍政権が不信任に足る7つの理由」』（扶桑社、二〇一八年）の緊急出版を手がけられたかただ。伊藤圭一さんとの出会いのときと同じように、初対面で短期間に頻繁にやり取りをするようになった。二〇一八年の七月二一日に緊急出版本の解説文執筆の話をいただき、引き受けるなら二三日に高谷編集長と打ち合わせをして、その後に解説文を書き、脚注の選定にもかかわって、二六日の朝にはすべての原稿を印刷所に入稿。そんな条件で解説を引き受けた短期集中の取り組みの様子を振り返った高谷編集長との対談は、記事にもまとめていただいた。[*53]

その後、『ハーバー・ビジネス・オンライン』への寄稿を誘われており、書きたい内容が出てきたので連絡したところ、「ぜひとも」ということで、書かせていただくことにした。字数は三五〇〇字ぐらいが読まれやすいが五〇〇〇字を超える記事もあるとのことで、そのくらいを目安に書こうとしたのだが、結果的に八七〇〇字ほどになってしまった。「いかがでしょう？」と添付ファイルを送ったところ、高谷編集長から届いたメール。

上西先生、原稿拝読しました。

長いっちゃ長いけど、非常に読みやすく、苦もなく読めました。

そしてその字数のまま掲載することになり[*54]、校正を経ての改めてのメールで、こんな言葉を

いただいた。

私は、編集や校正の際は文章の「フロウ（全体を通しての流れ）」を重視するタイプで（単語レベルのチェックについてはご存じの通りのザルっぷりですが）、読んでいて引っかからない（話題があっちこっちに飛んだり、同じことが何回も出てきたりしない）、流れるような文章を好みます。

その点、牧田先生も上西先生も「フロウ」というか論旨の組み立てが明確で、長いんですが、スムーズに頭に入ってくるので、読んでいて心地よい（内容は腹たつ話題ですが）ので、とてもありがたいです。

こういう肯定的なフィードバックをいただくと、とても元気が出る。木下是雄《これお》の『レポートの組み立て方』（ちくま学芸文庫、一九九四年）の教えにならい、重点先行で書く。入り組んだ文章はやめて、読みやすく、誤解のおそれのない文章を書く。そう常々心掛けていることを、こうやって認めていただけるのは嬉しい。「もっと書きたい」という思いが湧いてくる。

高谷編集長には、『呪いの言葉の解きかた』の書籍化の企画があり、そのなかで「灯火の言葉」の一つとしてこれを紹介させていただきたい、と提案した。高谷編集長からは、すぐに、

「おお、あれが書籍化するんですね！」と、勢いのある返事があった。

愛がそこには必要なのです

3

仕事のうえでの言葉はリップサービスか

乗せられるのは愚かだろうか

労働組合の伊藤圭一さんの言葉、O医師の言葉、高谷洋平編集長の言葉を「灯火の言葉」として紹介した。

「そんなものは仕事のうえでのリップサービスに過ぎない」と言う人もいるだろう。たしかに伊藤さんもO医師も高谷編集長も、仕事として私と接した方々だ。そしていずれも、相手を「乗せる」こと、エンパワーすることが、みずからの仕事の大事な部分を占める、そういう方々だ。

けれども、「だから、そんな仕事のうえでの言葉に乗せられるなんて、愚かなこと」と、切り捨てるものではないと思う。

単なるリップサービスだったり、あるいは悪意を隠していたりする、そういう言葉に簡単に乗せられるのは危険だし、注意したほうがいい。けれども、「仕事なんだから」のひと言で切り捨てないほうがいい。それは、もったいない。

むしろ、そういう方々だからこそ、仕事を通して、経験を重ねて、関係性の結びかたを考え、言葉を選んで、向き合ってくれているのであり、そこで届けられる「灯火の言葉」は、彼らが、**みずからの職業を引き受けたうえで、みずからの生身の身体から、相手に向き合って、届けてくれている言葉**だと受けとめたい。

仕事がもたらす関係性

東京新聞論説委員の久原穏《くはらやすし》は、『「働き方改革」の嘘　誰が得をして、誰が苦しむのか』（集英社新書、二〇一八年）の中で、禅僧の次の言葉を紹介している。

> 人間の究極の幸せは四つです。人に愛されること、人に褒められること、人に必要とされること、そして人の役に立つことです。四つの幸せのうち、愛されること以外の三つは『働く』ことで得られる。だから障害がある人たちが働こうとするのは、幸せを求める人間としての証《あか》しなのです。

そして久原は、働くことは健常者にとっても、幸せを得られるはずのものであるが、現実はどうか、と問いかける。

仕事上の関係は、豊かな関係性になりうる。相手の力を引き出し、相手を動かし、相手の気持ちを支える、そんな言葉を届け、そんな関係性を結ぶことができる。それは「偽り」のもの、「まやかし」のものと切り捨てるべきものではない。今の私は、そう思う。

教師－生徒関係への違和感

かつては、そうは思えなかった。中学生の頃の私は、相手が教師という職業だからといって、生徒である自分が、教師－生徒の役割関係に従わなければいけないことが、とても嫌だった。私が中学生の頃は、「荒れる学校」を管理教育によって立て直そうとしていた時代で、教師－生徒関係は、とても息苦しかった。高校受験のための「内申点」の圧力が、日々のしかかっているように感じた。

そんななかで、異議申し立てをしたことがある。中学二年生のときのことだ。授業内の実技試験の場でのある先生の評価が、あまりに恣意《しい》的で主観的だと思った。そこで「おかしい」と言い、大勢で、その先生とやりとりをしているうちに、昼休みになり、教室に戻った私たちは、給食の時間に遅れたことを担任の先生に咎《とが》められた。それにも納得がいかず、放課後に集団で職員室に出向き、私ともう一人のクラスメートが中心となって、今度はその担任の先生に異議申し立てをした。ともかく当時の私は、学校という場での教師‐生徒関係に従わされるのが嫌だったのだ。

けれども、私にとって救いだったのは、その違和感をきちんと受け止めてくれる先生がいたことだ。中学二年生のときに赴任してきた川上憲一先生だ。予備校の先生のように、授業中に話題が広がる先生だった。その先生のことは、信頼したい気持ちがあった。一方で、私たちが職員室に異議申し立てに行ったとき、川上先生が何のアクションも声かけもしてくれなかったことには、失望の気持ちがあった。

けれども、私が中学三年生の初めに転校することになったとき、川上先生は「よかったら手紙を」と声かけしてくれた。転校後に、私は先生に長い手紙を書いた。なぜ私たちは学校に行かなければいけないのか、なぜ教科を教わるだけでなく教師の言葉に従わなければならないのか、なぜ教師の主観的な判断に従わなければならないのか、そんな問題意識をぶつけた。

教師‐生徒関係にわだかまりがあった私は、川上先生とどう向き合ったらよいのか、分からなかった。「本心はどうであれ、教師役割によって私に向き合ってくれている川上先生」を見ればよいのか、「教師役割の背後にいる、人間としての川上先生」を見ればよいのか、「教師役割を担おうとしている、その役割を担おうとする意志の中にある川上先生」を見ればよいのか

――そんなことを考えていた。つまりは教師役割を担った川上先生と、その背後に隠れている生身の人間としての川上先生と、どちらに目を向ければよいのかと戸惑っていたのだ。

中学の先生からの手紙

川上先生からは、長い返信が届いた。私はまた、長い手紙を書いた。先生からの手紙は全部で四通。中学三年生から高校二年生にかけてのものだ。私はその倍くらいの手紙を書いたのではないかと思う。

いま読み返すと当時三〇代の川上先生が、教師という職業を引き受けたひとりの人間として、生徒として出会った私に、まっすぐ向き合って言葉を書き送ってくれていたことがわかる。

教師が主観的なものの見方で生徒に関わる、そのことへの違和感・拒絶感を中学三年生の私が示したのに対し、二通目の手紙で川上先生は、「教育には人間対人間という基本的関係がある」のだと指摘した。そして、次のように記していた。

つまり、教育の技術に関する部分のより良い使用やその後の結果を得ようと思ったら、どうしても教員にとって子供（生徒）を好意的に見る必要があります。そしてそれは決して客観的に行われるものでないことは、もう君にも分かっていただけるもの

と思います。
どうしても、教員が子供達と接触するときには、（表現方法がよく分からないのだが）愛、もしくは許容が、そこには必要なのです。そして私の独断ですが、すべての教育活動の場合で、いま述べたことがbaseにあるような気がしています。

（中略）

君は生徒を教員が主観的に見ることに抵抗を感じているようですが、私は主観的に見られなくなったら教員をやめようとさえ思っています。ただ、主観的にものごとを見たり、子供たちを見るとき、負の要因があることも常に考えておかなければならないと、自分を戒《いまし》めているつもりです。

職業と言葉を引き受ける

当時の私は、これらの言葉を受け取ることができなかった。けれども、今ならわかる。教師役割を担う川上先生と生身の人間としての川上先生は、分かちがたくひとつであったことを。そして先生は、教師という職業をみずからの身に引き受けたうえで、私に向き合おうとしてくれていたのだということを。
仕事上の言葉がリップサービスでしかないのか、そうではないのか。それはその言葉を発する人が、その職業を自分のものとして引き受けているか否か、そしてその言葉を自分の言葉として引き受けているか否か、それによるのではないか。

「エンパワーメント」にあたる日本語を探していたとき、「健やかな言葉」や「誠の言葉」という提案をしてくださった方々がいる。自分の仕事を職業として引き受け、その仕事の中での言葉を自分の言葉として引き受けているとき、その人の言葉は「健やかな言葉」「誠の言葉」として「灯火の言葉」になりうるのだと思う。

鬱屈した思いを川上先生に当時きちんと受けとめていただいたことは、私が生き延びる上でとても大きな経験だったと、振り返って思う。

私は四〇代半ばになってから、川上先生の転任先の高校にご挨拶に伺ったことがある。「君がふつうのおばさんになっていて安心したよ」。そんな意味のことを、よりマイルドな言葉で先生は語り、笑った。先生も歳を重ねておられた。今はもう定年退職して、あちこち旅をされているらしい。

じゃ助けさせて

4

見つめた先に――『わたしは、ダニエル・ブレイク』

少女の言葉

ここまで、私が接点を持った方々の言葉を紹介してきたが、もうひとつ、誰でも「灯火《ともしび》の言葉」を持ちうるのだということ、そしてシンプルな言葉も「灯火の言葉」になりうるのだということを、ひとりの少女の言葉によって示したい。ケン・ローチ監督の映画『わたしは、ダニエル・ブレイク』（二〇一六年）に登場する、デイジーという少女の言葉だ。

デイジーは、シングルマザーのケイティの娘。ケイティ、デイジー、そして弟のディランの三人で、ロンドンを離れ、イギリス北東部のニューカッスルに移り住む。ロンドンではアパートを追い出され、ホームレスの宿泊所で二年間、一部屋に三人で暮らしていた。弟のディランが精神的に限界になり、役所から紹介されたのが、ニューカッスルの家だった。

そのニューカッスルの職業安定所で、ケイティはダニエルに出会う。大工として働いてきたダニエルは、心臓病を患《わずら》って医者から仕事を止められるが、労働年金省から民間委託された機関による機械的な判定によって就労可能と判定され、支援手当が得られない。そこで職業安定所に出向いたのだが、求職者手当の受給や手当不支給の不服申し立てにはオンラインの手続きが必要と言われ、パソコンに慣れないダニエルは戸惑ってしまう。

その職業安定所で職員に強く抗議していたのが、ふたりの子どもとやってきたケイティだった。指定の時間に遅刻したことから制度利用上の違反を問われたケイティ。抗議しているのに聞く耳を持たない職員の対応を目にして、ダニエルは、慣れない街に来たばかりなんだからと、人間的な対応を職員に求めた。

結局、ケイティと子どもたちも、ダニエルも、抗議は聞き入れられずに職業安定所を追い出されるのだが、そうやってケイティに出会ったダニエルは、ケイティと子どもたちの支えになろうと尽力《じんりょく》し、交流を深めていく。

けれども、ダニエルは柔軟な対応を拒む役所の対応に翻弄《ほんろう》されることの繰り返しで結局手当を受け取れず、ケイティも仕事を探し、生活をなりたたせようと努力しながらも、次第に追い詰められていく。

見せたくない姿をダニエルに見られたケイティと、役所の非人間的な対応に自尊心を傷つけられ続けることを拒んだダニエルとのあいだの交流が途絶えたあとで、ケイティの娘のデイジーが、ダニエルの家に出向く。

何度電話しても連絡が取れなかったダニエル。ノックをしても返事がない。新聞受けから家のなかを覗《のぞ》くと、家具もなくがらんとした部屋。そのなかで意気消沈した様子のダニエルの影が揺れる。

「ママが元気がないの。話をしてあげて」とデイジーが求めても、ダニエルは「デイジー、頼む。具合が悪いんだ」「帰ってくれ、お願いだ」とドアを開けようとしない。

それに対しデイジーは、新聞受けからなかを覗きつつ、こう問いかける。

――一つ聞いていい？

前　助けてくれた？

ダニエルは「たぶんね」と答える。それに対してデイジーは

――じゃ　助けさせて

と声をかけるのだ。その言葉が、ダニエルに扉を開かせる。

見つめていたもの

体調も悪化し、経済的にも困窮し、ケイティとも気まずい関係となったダニエルは、もうケイティと子どもたちを支えることはできないと思っている。だから、クスクスを持ってきた、キャンディも持ってきたというデイジーに対して、扉を開こうとしない。

そのダニエルに扉を開かせたのが、デイジーの「灯火の言葉」だ。

「前 助けてくれた?」「じゃ 助けさせて」。

シンプルな言葉だ。けれども、それは、ダニエルが自分たちのためにしてくれたことへの、肯定的なフィードバックの言葉だ。心臓が悪いことを私たちは知らなかったとも、デイジーはその前に語りかけている。デイジーのこの言葉は、ダニエルにはこう届いただろう。

「あなたは、困難の中にあっても、私たちを助けてくれた」

デイジーは言葉少なく、聡明な印象の少女だ。彼女は、行政の冷たい対応に翻弄されるダニエルの姿は知らない。その代わり、ダニエルが自分たち家族のためにしてくれたことは、じっと見てきた。

職業安定所で母親のケイティが遅刻を咎められて抗議しているときには、ダニエルもいっしょに抗議し、人間的な対応を職員に求めてくれた。いっしょにアパートにやってきて、配管を直してくれた。ロンドンを追われた顚末《てんまつ》を語るケイティの言葉を、共感をもって聞いてくれた。家の中でもボールを投げ続ける弟に語りかけ、ドアを直し、電気代が払えないため寒い部屋でもしのげるようにと、窓に緩衝材を貼ってくれた。そして、自分のために、木を削って魚のモビールを作り、窓際に掛けてくれた。

生き延びることに精いっぱいな母親の姿を見ながら、おとなしくしていることでなんとか状況に適応しようとしていたデイジーは、ダニエルが作ってくれた魚のモビールがきらきらと光りながら揺れる様子に、初めて笑顔を見せ、目を輝かせる。

けれども、その後も母親のケイティの困窮は続く。夜中まで浴室のタイルを磨くケイティ。剝《は》がれ落ちて壊れてしまったタイルに気落ちしながらも、娘を気遣うケイティ。

別の日にはケイティはダニエルに案内されて、フードバンクの列に並ぶ。フードバンクの棚をまわっているうちに、思わず手にした缶詰の蓋を開けてむさぼり食べようとするケイティ。驚いた支援スタッフに声を掛けられ、ケイティは涙を流して腰掛ける。デイジーは「どうしたの？」とケイティのもとに駆け寄る。

「ごめんなさい」「お腹がペコペコで」「ミジメだわ」と涙を流し続けるケイティの前に、ダニエルがひざまずき、手をさすって、こう声をかける。

いいんだ 大丈夫だよ
そんなことないよ
気にするな
こんなこと 大したことじゃないよ
いいかい 君は悪くない
二人の子と遠い地へ追いやられて 立派にがんばってる
そうだろ？　大丈夫だ
ここの人は味方《みかた》だ 何も心配ない

手を取り、目を見つめ、肩に手をかけてケイティにそう語りかけるダニエルと、涙を流し続ける母親のケイティ。デイジーはふたりの姿を、ダニエルの背後からじっと見つめている。そうやってデイジーは、ダニエルが自分たちにしてくれたことをじっと見てきた。母親を支

え励ますという、自分にはできないことをダニエルがしてくれていることを、ずっと見ていた。ダニエルは、子どもたちのために簡易ストーブを用意し、大学に戻って学びなおそうとするケイティのためには、本棚を作り始めていた。

相手を認める

そのような日々の積み重ねがあってこその、「前 助けてくれた？」「じゃ 助けさせて」なのだ。だから、シンプルな言葉でも、その言葉には、デイジーが見てきたダニエルの姿が詰まっている。ダニエルも、そのことを知っている。だからその言葉には、もう自分にはできることはないと心を閉ざしていたダニエルに、扉を開かせる力があったのだ。それは、困難の中にあっても隣人を助けることを大切にするダニエルの**生きかたを、率直に肯定する言葉**であったからだ。

そしてまた、デイジーのこの声かけは、困難のなかにあっても隣人を助けることが大切だというダニエルの生きかたを、デイジーが受け継いだことを示している。それは、ダニエルがケイティにおこなった声かけから、そしてダニエルが自分たちにしてくれたことから、デイジーが身をもって学んだことだった。

このデイジーの言葉から、私たちは学ぶことができる。

大事なのは、言葉の修辞ではないことを。「灯火の言葉」は、言葉遣いに長《た》けた人だけが駆《く》使《し》できるものではないことを。丁寧に相手に向き合うこと、丁寧に相手を認めること、そして相手を認めていることを素直に言葉にすることが、相手に「灯火の言葉」として届くのだ、ということを。

ありがとう。いつも助かるよ

5

偽りの称讃とやりがい搾取

称讃の言葉の悪用

他方で、相手を認める言葉が相手を力づけ、動機づけるという効果を、悪用する人もいる。認められることは嬉しい。評価されることは嬉しい。だから、そのように言葉がけされると、がんばりたい気持ちになる。そのことを見越して、偽りの称讃の言葉や偽りの感謝の言葉を意図的に投げてくる人がいるのだ。

たとえば、アルバイトで店長が「ありがとう。いつも助かるよ」と声をかけてくれる。それでがんばって働いているが、週三日のつもりが、いつの間にか週五日働くことになっている。辞めた人の補充もなく、いつも忙しい。そんなときは、ちょっと立ち止まって考えたい。自分は、いいように働かされているだけではないかと。

あるいは入社後に「がんばってるね」と声をかけられる。期待に応えたいと、毎日、終電までの勤務を続けている。けれども、そんな働きかたをずっと続けていられるものだろうか？本人がやる気になってがんばれるなら、それでいいのだろうか。都合よく乗せられているだけではないのか。

やりがい搾取《さくしゅ》

では、偽りの称讃の言葉や偽りの感謝の言葉に乗せられないためには、どうすればよいだろうか。「ありがとう」も「助かるよ」も「すごいね」も、どんな言葉も、「灯火《ともしび》の言葉」にもなりえる一方で、偽りの称讃の言葉にもなりうる。言葉だけでは区別ができない。だからまずは、意図的に「乗せる」行為がありうるのだと知っておきたい。

「**やりがい搾取**」という言葉を聞いたことがあるだろうか。先にも紹介した『逃げるは恥だが役に立つ』のドラマ版*55（TBS系列、二〇一六年放送、脚本・野木亜紀子）の第一〇話で、主人公の森山みくり（新垣結衣）がこの言葉を口にする場面がある。商店街の青空市を提案したところ、無報酬で手伝わされそうになったみくりは、会議の場でホワイトボードに「やりがい搾取」と書き記し、「わたくし森山みくりは、やりがいの搾取に、断固として反対します！」と、きっぱりと抗議する。その場面を覚えているかたもいるだろう。

「やりがい搾取」とは、教育社会学者の本田由紀が『軋《きし》む社会』（双風舎、二〇〇八年）で名づけた言葉だ（同書の表現では、「〈やりがい〉の搾取」）。労働者が自発的に「自己実現」に邁進《まいしん》しているように見えて、じつは彼らをその方向に巧妙にいざなう仕組みが、働かせる側によって仕事のなかに組み込まれている、そういう構造を指した言葉だ。安定雇用の保障や高賃金などの対価なしに労働者から高水準のエネルギー・能力・時間を動員したい、そのために、働かせる側が巧妙に労働者を巻き込む仕組みが、「やりがい搾取」だ。

関係性を俯瞰する――インターンシップを例に

もちろん「灯火の言葉」を紹介する中で述べたように、仕事の関係の中での「灯火の言葉」も、相手を「乗せる」という要素を含んでいる。だから、「乗せる」ことや「乗せられる」ことそのものが悪いわけではない。けれども、認められる嬉しさを感じたときに、不当な関係性の中で巧妙に乗せられてはいないかと、ひと呼吸おいて冷静に関係性を俯瞰する、そういう視点も持っておきたい。

たとえば、私が危ういと思うのは、初めてのインターンシップ先を魅力的と感じるケースだ。就職活動の前に、インターンシップに参加する学生が増えている。建前《たてまえ》は就業体験だが、企業は個々の学生と早めに接点を持つ手段として、インターンシップを活用している。そしてインターンシップの中で「君はすごいね」と評価され、実質的に内定が出ることもある。単に面接を受けただけではなく、仕事ぶりを見て評価されたうえで内定を出してもらえたのだと思うと、嬉しいだろう。もう就職活動はせずにここに就職しようと決める人も出てくるだろう。けれども、冷静に考えたい。**本当にこれでよいのか**と。

企業側の視点で考えてみよう。学生に無料でインターンシップの機会を提供しているのは、人材を確保したいからだ。迎え入れた学生には、できるだけ企業の見栄えのよい姿を見せ、フレンドリーに接し、仕事ぶりも評価するだろう。そうやって自社を就職先として魅力的だと感じさせ、内定を提示し、他社に逃げられないように、意思を固めさせようとするだろう。そういう思惑《おもわく》がある企業が学生の仕事ぶりを評価するのは、ある意味で当然の、心理的な巻き込み作戦なのだ。

実際、面接でいかに好印象を与えるかを考えて学生がネクタイや髪形を選ぶように、学生を採用したい企業の採用担当者も、いかに学生に好印象を与える接しかたをするか、いかに学生をその気にさせる声かけをするかを有料のセミナーで学んでいるのだ。採用選考をおこなう企業に指南する人材ビジネス企業は数多く存在する。せっかくコストをかけて内定を出した人材が他者に流れてしまっては、そのコストが無駄になり、採用計画が狂うので、企業は確実にその学生を自社につなぎとめておきたいのだ。

だから、いくら仕事ぶりを評価してもらっても、いくらそれが嬉しくても、少し冷静になって考えたい。**この企業は、まともな企業なのだろうか**、と。

客観情報の活用

自分の感覚だけに頼るのは危険だ。その企業は、「見せたい顔」しか見せていないのだから。よく就職活動では情報を鵜呑《うの》みにせず「自分の目で、足で、確かめよう」と言われるが、私はそのアドバイスだけでは危険だと考えている。上記のように、巧妙にその気にさせる作戦が採用選考では駆使《くし》されているのに、それを知らないまま自分の感覚に頼ると、簡単に巻き込まれてしまうからだ。

だから、**「見せていない顔」も自分で確認したい**。よい企業のように見えるが、労働条件はどうなのだろうか。社員は毎日、何時頃まで働いているのだろうか。社員として働くとなると、賃金はいくらなのだろうか。賃金の他に手当はつくのだろうか。人員構成は若いように見えるが、平均勤続年数は何年なのだろうか。妊娠・出産しても働き続けている人はいるのだろうか。この企業の業績は伸びているのだろうか。競合他社と比べて、優れたところはあるのだろうか。社長はどんな経営方針を持っているのだろうか。新聞・雑誌等でこの企業が取り上げられたことはあるだろうか。

企業があなたに「見せたい顔」ではなく、「見せていない顔」を自分で調べてみる。どうすれば、それができるだろう。実は、いろいろと手段がある。

たとえば、あなたが大学生なら、大学図書館の新聞記事データベースや雑誌記事データベースで企業名を検索してみれば、その企業を取りあげた記事が見つかる。業界の分析記事や社長のインタビューなども見つかるだろう。もし何も見つからないなら、あなたには魅力的に映ったその企業は、社会的にはプレゼンスは低いのかもしれない。あるいは、あなたが知らなかった不祥事や、経営戦略の変更を知ることになるかもしれない。

また『就職四季報』や『会社四季報』（いずれも東洋経済新報社）を使えば、同じ指標で企業を見比べることができる。『就職四季報』には、男女別の平均勤続年数や三五歳賃金、年次有給休暇の平均取得日数など、実際にその企業で働いている人の労働条件・就業状況が数値で表示されている。読み解く力があれば、とても有益な情報だ。項目によっては、非公開の欄もあるが、非公開にも、「答えたくない」という重要な含意がある。就業状況に関する同様の情報は、厚生労働省の「職場情報総合サイト」でも整備され始めている。『会社四季報』には、企業の業績情報が載っている。

その業界で働いている人なら、その業界の事情や業界内でのその企業の位置づけも知っているだろう。そういう話が聞ける人を、伝手《つて》をたどって探してみるのも有効だ。

そのように「独自に調べる」ことをせずに、評価された喜びと、好印象だという感覚だけで就職先を決めてしまうのは、危うい。けれども、**インターンシップという仕組みは、その危うさに気づきにくい仕組み**でもある。就職活動が始まってからなら企業ホームページで確認できる募集要項（賃金や労働時間、休日、福利厚生などを記したもの）も、インターンシップの段階では、確認できない。就職活動なら同時並行で何社も企業説明会に行ったり面接を受けたりして、おのずと自分のなかに比較の視点が蓄積されていくが、初めてのインターンシップ経験ではそれもない。そのなかで、好印象を持った企業が、早期にあなたを囲い込んで就職活動を終わらせようとする。その流れに素直に乗ることは、危険だという感覚を持っておきたい。

人間関係上の位置づけ

個人との関係ならどうだろう。その場合は、その個人がどういう企業や団体に属しているかが、一つの判断材料になる。また、ブログやＳＮＳなどの発言も手がかりとなる。

そして、もうひとつ重要な手がかりとなるのが、相手の社会的な人間関係だ。どのような人と仕事をしている人なのか。どのような人とふだん、交流がある人なのか。どのような人に信頼され、どのような社会的なネットワークの中に位置している人なのか。

今の私は社会活動のなかでさまざまな新しい出会いがある。講演や寄稿やスピーチや賛同人署名などを求められることもある。けれども、信頼できる組織に属している人からの依頼の場合を除き、私が引き受けるのは基本的に、信頼できる人を通してのものだ。その人を通じての依頼なら、というかたちで引き受けている。依頼する側が人づてで依頼してくるのも、やはり、そういう信頼の連鎖の意味をわかっているからだろう。いきなり街で声をかけられて、その人についていくのは危ない。それと同じだ。いくらあなたを評価してくれる人でも、そういう警戒感は持っておいたほうがいい。

たとえば、前述の労働組合の伊藤圭一さんは、面識のあった労働組合のかたを通じて紹介された。紹介者も、最初の打ち合わせには同席した。また、伊藤さんは全労連という労働組合のナショナル・センターの幹部のかただ。けれども、全労連という組織と私はそれまで接点がなかったし、伊藤さんの存在も知らなかった。そういう人と、どこまで率直に意見交換を重ねてよいものかと思ったとき、私は知り合いの信頼できる労働弁護士に、伊藤さんと意見交換していることを伝え、伊藤さんをご存じかと尋ねた。その労働弁護士からは、「よく知っています。信頼できる人です」と返事があった。

信頼できる人かと尋ねたわけではないのに、自分が信頼している人から、あの人は「信頼できる人です」と返事がくる。ならば大丈夫だろうと思った。やはりそうやって、関係性を外に開いてみることが大事だ。前述の高谷編集長からの最初の依頼も、国会パブリックビューイングでいっしょに活動していた横川圭希さんからの紹介だった。依頼を引き受けるにあたっては、横川さんも同席して三人で実際に顔をあわせて打ち合わせもおこなっている。

逆に**危《あや》ういのは、閉じた人間関係のなかにあなたを囲い込もうとするような人**だ。

典型的なのはカルトだ。カルト集団のなかにあなたを囲い込み、住まいを移させ、親や友人との関係も遮断《しゃだん》しようとする。また内部の情報を外に漏《も》らすなと求めてくる。そのような閉じた人間関係のなかに囲い込まれると、自分の置かれた状況を俯瞰《ふかん》できなくなる。その集団の考えの偏《かたよ》りにも、気づけなくなる。

自分を評価する言葉をかけてくれる人と出会ったときには、開かれた人間関係のなかで信頼関係を構築していける、そういう相手であるかどうかを見極めたい。

第6章 湧き水の言葉

それが大人ってもんでしょ

1

視界が開けて、言葉が湧き出る

前章では「呪いの言葉」とは対照的な、「灯《とも》火《び》の言葉」に目を向けた。「灯火の言葉」が他者から届くものであるのに対し、この章で目を向けたいのは、みずからの身体から湧き出てきて、みずからの生きかたを肯定する言葉だ。

呪縛《じゅばく》からみずからを解き放つ、そのような言葉を「湧き水の言葉」と名づけてみたい。

みずからの生きかたを肯定する

第3章で紹介した、やまだ紫の『しんきらり』。最後に主人公のちはるは、「わたしは自由だったんだ」と語っていた。

湧き水の言葉は、自分自身に向けて語られる。「わたしは」と。言葉にすることによって、言葉のかたちを取ることによって、自分の生きかたが自分自身に肯定される。

パートの仕事に出ることによって、ちはるは家庭の中での自分と職場の中での自分の両方を考えるようになった。家を空ける時間ができることによって、子どもとの関係にも一定の距離間が生まれた。夫との関係もそうだ。

そうしてちはるは、自分の立ち位置を俯瞰的にとらえる視点を持つことができた。「わたしは自由だったんだ」という言葉は、視界が開けたことによって、湧き出てきた言葉だ。

大人の生きかたを引き受ける

第1章で紹介した、海野つなみの『逃げるは恥だが役に立つ』。その第九巻で、「やっぱり若さというのは 価値の一つだと思うんです」と語る五十嵐安奈に対し、土屋百合は「呪いね」と応じた。そして、そう語ることによって百合は、年齢や周りの目を気にしていたのは、他ならぬ自分であったことに、気づいていった。自分が絡《から》めとられていた呪いに気づき、「心に 気持ちの良い風が吹いた」。

そのあとで百合は、親子ほども歳が離れた風見涼太の気持ちを受け入れ、彼が好きだという自分の気持ちも、みずから引き受けて行こうと心に決める。

たぶん 彼と 結婚することはないし
付き合っても 遅かれ早かれ ダメになるんだろう
大人だから わかる

だけど
周りに遠慮せず 自分の判断で自由に生きて
失敗したらそれも ちゃんと受け止める
それが大人ってもんでしょ

あたしがなりたかったのは
そういう大人でしょう

そして、

あなたがいないと やっぱり寂《さみ》しい
あなたが 好きなの

と、百合は風見に語るに至る。

穴が無かったらドーナツじゃありません 2

人生やり直しスイッチは、もう押さない――『カルテット』

とはいえ実際には、ひとつの出来事だけで、ひとつの言葉だけで、みずからを縛っていた呪いから解放されるほど、簡単に人は変われるものじゃない。実際には人は、何度も新たな「呪いの言葉」に揺さぶられ、揺れ動き、そのたびに周りの人の言葉や行動に支えられ、自分の中に蓄積した「灯火の言葉」に支えられ、自分の置かれた状況を俯瞰し、その状況をとらえるための新たな言葉を探し、そうして少しずつ、少しずつ、不当な干渉に揺さぶられない自分へと変わっていく。

そんな過程を丁寧に追ったTBS系列のドラマ『カルテット』[*56]（二〇一七年放送、脚本・坂元裕二）を、最後に取り上げたい。

秘密を抱えた共同生活

『カルテット』は、カラオケボックスで「偶然」出会った四人が、「カルテットドーナツホール」という弦楽四重奏団を組み、軽井沢の別荘で共に暮らしながら音楽を続けようとするドラマだ。

第一ヴァイオリンの巻真紀《まきまき》、第二ヴァイオリンの別府司《べっぷつかさ》、ヴィオラの家森諭高《いえもりゆたか》、チェロの世吹《せぶき》すずめ。真紀がヴァイオリンを手にカラオケボックスの扉を開けたときに、他の三つの扉が同時に開き、それぞれの楽器を手にした四人が出会ったのがきっかけだった。けれどもそれは、「偶然」や「運命」のようでありながら、真紀以外の三人が、それぞれ異なる思惑《おもわく》をもって真紀に近づこうとした結果だった。

おのおのの秘密を抱えながら共同生活を始め、レストランでライブ演奏する四人。物語の展開の中で、少しずつ、一人ひとりの秘密が明かされていく。

真紀は、結婚を機に演奏の仕事をやめたが、夫は一年前に突然、失踪《しっそう》していた。その夫の母親は、息子が真紀に殺されたのではないかと疑い、状況を探ろうとすずめにお金を渡し、真紀と友達になって情報を集めるように求めた。だから、すずめは真紀に接近したのだった。

すずめの父親が危篤《きとく》状態になることによって、すずめの過去は真紀らに知られることとなる。かつてすずめの父親は、すずめを「魔法少女」として売り出し、インチキがバレてバッシングを受けていた。ネットの動画に残る「魔法少女」のすずめ。すずめはその過去を隠して事務の仕事に就き、けれども、その過去が暴露《ばくろ》されては、その職を辞すことを、繰り返してきた。「家族だから、行かなきゃ駄目かな」と病院のそばでためらうすずめに、真紀は手を握り、軽井沢に帰ろうと呼びかける。過去がバレるのが怖かったすずめは、そうして真紀に受け入れられる。すずめが会話を録音していたことも、その後、真紀の知るところとなる。

諭高もまた、結婚生活が破綻《はたん》し、子どもと離れて身を隠すように生きてきた。

人を評価しようとするときに問われること

すずめや諭高の秘密が明るみに出たあとで、司の弟が別荘の売却をめぐって軽井沢を訪れる場面がある。

別荘が売却されれば、共に暮らす三人が定職を持たないまま、住まいを失うことになる。ためらう司に、弟が言う。

わかんないんだけどさ、ちょっとその人たち、ダメな人って言われるところあると思うんだよね

ほら、無職だったりすると色々言われるでしょ、そういう、クズとかダメ人間っ

――て言われる人たちって

「え？　誰が言ってるの？」と弟に問いかける司。けれども弟は、「いや、そういう風に言う人いるじゃない？」と返し、「自分の言葉」を語らない。その弟に対し、司は「今、俺に言ってるのは、圭だけど」と指摘する。

それでも弟は、「ダメ人間」という評価を、自分の言葉として語ることを回避しようとする。「兄ちゃん、前に言ってたじゃん、みんなごみ出してくれないんだって」。「それは冗談で」と司は言い返す。

「いや、全然ダメでしょ、ダメ人間じゃん」と、今度は自分の言葉として語る弟。その言葉は、自分にも向けられるのだと司は感じる。そして司は弟に、はっきりとこう問うのだ。

――人を査定しに来たの？　どういう資格で？

司もまた、世間の目を気にして生きてきたのだろう。司は「ふくろうドーナツ」という会社に勤めているが、国際的に有名な音楽一家の一員として職を与えられている様子で、家族の中でひとりだけ音楽で芽が出なかった司にとって、職場は居心地のよい場所ではない。

別荘の売却は不可避という状況になって、司は三人にそれを明かす。それぞれに仕事をしてアパートを借りて、そうしてカルテットを続けていこうと語る真紀、すずめ、諭高。「それじゃ、そっちが本業になっちゃいますよ」と反対する司。諭高が「僕たちもう、そろそろ社会人として、ちゃんとしないと、ね」と語り、真紀とすずめが「ちゃんと……」とつぶやくのに対し、「ちゃんとした結果が僕です」と司は語る。そして、三人に対して、こう続けるのだ。

僕たちの名前は、カルテットドーナツホールですよ
穴が無かったらドーナツじゃありません
僕はみなさんの、ちゃんとしてないところが好きなんです
たとえ世界中から責められたとしても、僕は全力でみんなを甘やかしますから

そうやって、「穴」があいたお互いを受け入れつつあったとき、真紀の秘密が暴露される。

本当のわたしとは

警官が別荘を訪れ、任意同行を求められたことによって、真紀は追い詰められる。彼女は、戸籍を買って別人として生きてきた。そのことが、隠し続けられなくなったことに、気づく。

何が起きたのかといぶかしがる三人に、真紀は語り始める。一四年前に戸籍を買って、逃げて東京に行ったこと。それから「早乙女《さおとめ》真紀」になりすましていたこと。結婚して、「巻」の姓を得たこと。そして、こう語る。

わたし嘘だったんですよ
見つかったので、明日の演奏終わったら警察、行ってきます
もう、おしまいです。お世話になりましたね
本当のわたしは……わたしは……わたしは……

言葉に詰まる真紀。戸籍を買ったのは、逃げたかったからだ。逃《のが》れたい状況があったからだ。だから、「本当のわたし」は語りたくない。語れない。その葛藤のなかで言葉を詰まらせる真紀に、すずめがこう語る。

いいいいいいいい、もういいよ、もうなんにも言わなくていい
真紀さんが昔、誰だったかとか、なんにも

――わたしたちが知ってるのは、この、この真紀さんで、他のとか
と首を振るすずめ。「みんなに嘘……」という真紀に「どうでもいい、すっごく、どうでもいい」と遮《さえぎ》り、「みんなを裏切って……」と言葉を続けようとする真紀に、すずめが語る。

――――――――――――――――――

裏切ってないよ
人を好きになることって、絶対裏切らないから
知ってるよ？　真紀さんがみんなのこと好きなことくらい
絶対それは、嘘なはずないよ
だってこぼれてたもん
人を好きになるって、勝手にこぼれるものでしょ
こぼれたものが、嘘なわけないよ

――――――――――――――――――

うなずく真紀。

――過去とか、そういうのなくても、音楽やれたし

道で演奏したら楽しかったでしょ？
真紀さんは奏者でしょ
音楽は戻らないよ
前に進むだけだよ

いっしょ
心が動いたら前に進む
好きになった時、人って過去から前に進む

わたしは、真紀さんが好き
今、信じて欲しいか、信じて欲しくないか、それだけ言って？

「信じて欲しい」と言葉を絞り出す真紀。「それ」とうなずき、真紀を抱きしめるすずめ。黙ってそれを見守る諭高と司。

「嘘ついてたんです」と語るだけでなく、「わたし嘘だったんです」とまで語った真紀。けれども、別人になりすましていたからといって、その存在が、その関係が、その振る舞いが、嘘だったわけではないのだと、すずめに肯定される。そして、真紀は、翌日に任意同行に応じる気持ちを固める。

過去は捨てない

その夜。諭高がこたつでワインを飲みながら、司にこう語る。

――二種類ね、いるんだよね
人生やり直すスイッチがあったら、押す人間と押さない人間
僕はね、もう、押しません

司の弟には、「ダメ人間」の寄せ集めのように見えていた四人。けれども、それぞれが語りたくない過去を明かし、「穴」のあいた存在であることを認め合う中で、一人ひとりが、それぞれの抱える過去に、呪いに、向き合って、自分の人生を引き受けていこうとする。諭高は語る。

――ね、何で押さないと思う？

「さあ？」と答える司。諭高は司の目を見て語る。

――みんなと出会ったから。ね、ね

「僕はね、もう、押しません」。諭高の、この「湧き水の言葉」は、ドラマの展開の中でこそ、意味を持つ。

任意同行の前の最後の演奏を終えて、控え室で真紀もこう語る。

――家森さん、わたしもう、人生やり直しスイッチは、もう押さないと思います
別府さん、あの日カラオケボックスで会えたのは、やっぱり運命だったんじゃないかな

もう怯えない

物語はまだ、ここでは終わらない。

すずめにヴァイオリンを預けて警察に出向いた真紀だったが、その後、週刊誌では「美人バ

イオリニストは　なりすましだった」「なりすまし女の義父は不審死していた!?」などの見出しで書き立てられることとなった。やがて、司の家族のことやすずめの過去も、好奇の目にさらされていく。疑惑を持たれたまま、真紀に執行猶予《ゆうよ》が付くと、カルテットドーナツホールのウェブサイトにも罵倒《ばとう》の言葉がたくさん届いた。

だから、真紀は三人に連絡をとらずに、団地でつつましく暮らしを再開する。疑惑を持たれた自分がヴァイオリンを弾いても、もう、前みたいには聴いてもらえない。もう、あの中には、戻っちゃいけない。そう真紀は、自分に言い聞かせる。

残る三人は、売却できなくなった別荘に住み続けたが、諭高とすずめは仕事で多忙になり、演奏の仕事はコスプレで顔を隠したものしかまわってこなくなる。司は、仕事を辞めていた。司はカルテットの解散を提案するが、すずめは真紀にヴァイオリンを返してからにしようと語る。

写真週刊誌の風景から団地群を探し当てた三人は、真紀を「おびき出す」ために広場で演奏を始める。洗濯物をベランダに干していて、かすかな音をとらえ、走り出す真紀。その真紀を、すずめは軽井沢に連れて帰る。

久しぶりの弦楽四重奏の前に、それぞれの状況を知った真紀は、大胆な提案をする。

——コンサートやりませんか？
ここで、コンサートやりましょう

真紀が示すのは、軽井沢の大きなコンサートホールだ。

——ここで、満員のお客さんの前で、わたしたち、演奏しましょう

状況を飲み込めない三人に、真紀はこう語る。

——みんな、わかってませんね
わたし、ニセ早乙女真紀ですよ？
——疑惑の美人ヴァイオリニストですよ？　有名人なんですよ？

疑惑を逆手《さかて》にとって、話題性でコンサートを開いてしまおう、という提案だ。「そういうことしても、真紀さん、自分をさらし者にするっていうか」と諭高。「好奇な目で見られるだけです」と司。けれども、真紀は語る。

――いいじゃないですか
――さらし者でも、好奇の目でも、そんなの私、なんでもありません

「でも、それでたとえ人が集まったとしても」「その人たちは音楽を聴きに来る人たちじゃないし」と司と諭高がためらう中で、すずめは真紀の提案に賛同する。

――届く人には届くんじゃないですか？
――その中で、誰かに届けばいいんじゃないですか、ひとりでも、ふたりでも

そうして、「やりますか」「やるしかないね」「やっちゃいましょうか」「はい！」と四人の気持ちが同じ方向性を向いていく。
四人がコンサートで最初に奏《かな》でたのは、シューベルトの『死と乙女』。出会いのときからの日々が回想シーンとして流れる中で、四人は一心に演奏を続ける。客席から放物線を描いてステージに投げ込まれた空き缶が、音を立てて四人の足元に転がる。けれども、音楽を奏でるのを彼らがやめることはなかった。

響き合う思い

「穴が無かったらドーナツじゃありません」と語った司。「人生やり直しスイッチ」を「僕はね、もう、押しません」と語った諭高。「音楽は戻らないよ。前に進むだけだよ」と語ったすずめ。そして、「さらし者でも、好奇の目でも、そんなの私、なんでもありません」と語った真紀。それぞれが自分の生きかたを自分の言葉で肯定し、受け入れ合う。

ドラマの終わりに、四人は初遠征に向けてバンに乗り込む。別荘には「FOR SALE」の文字。海が見えるなかで、ハンドルを握りながら歌い始める真紀と、すずめ、司、諭高。呪縛を解かれた様子が、その歌い合う姿にあらわされる。

司も諭高もすずめも真紀も、自分ひとりで呪縛を解き、「湧き水の言葉」を口にすることができたわけではない。互いにみずからを開示しあって、「穴」があいた存在である自分たちを認め合うことを通して、自分で自分を受け入れることもできるようになっていった。その後になって、それぞれの身体から、「湧き水の言葉」が湧き上がってきたと言える。

そんな彼らを自分の心のなかに住まわせ、彼らの言葉を心にとどめておくことによって、あるときふと、それらの言葉があなたに掬《すく》い取られていくことはないだろうか。自分がとらわれている呪縛に気づく。だんだん視界が開けてくる。そうなることを願っている。

あとがき

岡野玲子のコミック『陰陽師《おんみょうじ》』の第一巻（白泉社、一九九九年）で、安倍晴明《あべのせいめい》はこう語る。

この世で一番短い呪《しゅ》とは 何だろうな
名だよ
呪《しゅ》とはようするに ものを縛ることよ
ものの根源的な在様《ありよう》を縛るというのは 名だぞ

私たちは、言葉を通じてものを考え、状況を認識し、自分の気持ちを把握する。言葉によって、私たちの思考は、行動は、縛られもするし、支えられもする。

「呪いの言葉」は、いとも簡単に、私たちを縛ってしまう。その言葉の背後に、私たちは「世間の目」を感じて、あるいは、迎えたくない破局を想像して、怯《おび》えてしまう。そういう効果をねらって、力を持つ者は、言葉によって私たちを支配しようとする。

ならば、そういう言葉を「呪いの言葉」と認識することが、まずは第一歩だ。「**あなたは私を縛ろうとしているのですね**」と。

そう認識することによって、私たちは、その呪縛から一時的に逃《のが》れ、対策を考えるだけの気持ちの余裕を持つことができる。さらに、「**そんな言葉であなたに縛られなければならない謂《いわ》れはない**」と思うことができれば、その「呪いの言葉」に対抗する手立てを考えることができ、力をためて、はね返していくことができる。

そのときに私たちを支えるのは、誰かが自分に届けてくれた言葉であり（灯火《ともしび》の言葉）、誰かがみずからに向けて発した言葉・私たち自身の中から湧き出てきた言葉だ（湧き水の言葉）。

安倍晴明もこう語っている。

知らんのか
優しい言葉ほど よく効く呪《しゅ》はないぞ

＊

本書は、「呪いの言葉」に絡《から》めとられずに、「灯火の言葉」や「湧き水の言葉」を支えに、「呪いの言葉」に対抗していくことを目指したものだ。

二〇一八年の一年間、政権に正面から対峙《たいじ》することとなった私は、一つひとつの論点で対峙するだけでなく、「呪い」によって私たちを縛ろうとする政権のありようそのものにも対峙しなければならないのだと思うようになった。「呪い」という言葉を念頭に置いてみると、あちこちに「呪い」による支配と呪縛を見て取ることができた。そして、それに対抗していく上で、「数」と同時に「言葉」が力を与えるのだと気づいた。

そこで、「呪いの言葉」に縛られないためには、それに対抗する動きのなかで語られた言葉に注目し、より多くの言葉を私たちが獲得していくことが必要だと考えた。

私は二〇一八年五月二四日にツイッターにこう書いた。

「何を偉《えら》そうに」「何様《なにさま》なの」「生意気、言ってんじゃないよ」「なぜ〇〇しなかったんですか」「〇〇すると、面倒なことになるよ」等々、私たちは「現状を追認せよ。

従順に従え」という声に囲まれている。その声をかき消すだけの、別の声が必要です。

「私は黙らない」「言うこと聞かせる番だ、俺たちが」「働いた分の、カネくらい払え」

私たちに理《り》があり、黙らせにかかっているあなたたちは間違っている、そう言える言葉、そう見方を変えていける言葉を、私たちはさらに豊かに、持つ必要があります。


言葉は私たちを力づけます。

先を歩む人は私たちを力づけます。

私たちを萎縮させる言葉が意図的に広められている中で、別の言葉が必要です。


それに対して、歌人の白川ユウコさんがその日のうちに、「#呪いの言葉」とハッシュタグをつけて引用リツイートしてくださった。

それを受けて、「呪いの言葉」というキーワードであれこれツイッターに書いていて、

言葉を取り戻そう。私たちの言葉を、救い出そう。

と六月一八日に記したところ、このキャンペーンにもハッシュタグを、という声があり、「#呪いの言葉の解き方」と示したのが同日。そして、ハッシュタグで集めた「呪いの言葉」への切り返しかたを、どなたかまとめていただけないだろうかとツイッターで呼びかけたところ、@tokitaro さんが手をあげてくださったのも同日。翌日にはさっそくサイトが公開されたことは、第1章に記した通り。

そして、晶文社の編集者である江坂祐輔さんから『呪いの言葉の解きかた』の書籍化を提案していただいたのは、それから間もない六月二三日だった。

だから、新語・流行語大賞2018のトップテンに選ばれた「ご飯論法」と同じく、この『呪いの言葉の解きかた』も、ツイッター上のみなさんの反応によって生み出されたものだ。感謝申し上げたい。

＊

そのあと私は、第4章に記したように「国会パブリックビューイング」を立ち上げて再び忙しくなり、第5章だけは先に書いたものの、その他の章を書くためのまとまった時間をとれずにいた。

「期待ではなく、肯定が人を動かす」という第5章の文章を読んでいた江坂さんは、じっと待っていてくださったのだろうと思う。

文章を書き進めるうえで必要なのは、落ち着いて執筆できる時間だけではない。かすかな光が前方に見えて、進む方向がわかってきて、初めて書きたいことがかたちを取り始める。「編集も『いまだ書かれていない文章／本』について夢想↓具現化するのが仕事なわけで」と江坂さんはツイッターに記していた（二〇一八年九月一五日）。まだどういう形にまとまるか漠《ばく》としている『呪いの言葉の解きかた』が、いつか本というかたちにまとまって書店に並ぶ。そこまでを前方のかすかな光として見通している人といっしょにであれば、この本はいつか書き切ることができる。そう思って書き進めてきた。江坂さんのこの言葉もまた、私にとって「灯火の言葉」であったのだと思う。

＊

――社会を変えていくのは数ではない。一人です。二人です、三人です

と田尻宗昭《たじりむねあき》氏の言葉を語った小出裕章《こいでひろあき》氏に出会って、私は二〇一一年五月にツイッターを始めた。そして、

――届く人には届くんじゃないですか？
そのなかで、誰かに届けばいいんじゃないですか、ひとりでも、ふたりでも

と語ったすずめたちが、足元に投げつけられた空き缶には動じることなく演奏を続けた、ドラマ『カルテット』のその場面に励まされつつ、私はこの本を世に送り出すことにした。
最後に、もう一つ、私を支えてきた「灯火の言葉」を。

いつかきっと、「そんな日もあった」と、振り返る日が来る

あなたにも、そうやって振り返る日が来ることを願って。

二〇一九年四月

上西充子

註一覧

第1章

＊1　ブログ「内田樹の研究室」二〇〇七年四月一〇日
http://blog.tatsuru.com/2007/04/10_0947.html

＊2　「#呪いの言葉の解き方」http://hash-kotoba.thyme.jp

第2章

＊3　労働基準法における「使用者」には、雇われ店長なども含まれる。「この法律で使用者とは、事業主又は事業の経営担当者その他その事業の労働者に関する事項について、事業主のために行為をするすべての者をいう。」（労働基準法第10条）

＊4　石田眞・浅倉むつ子・上西充子『大学生のためのアルバイト・就活トラブルQ＆A』（旬報社、二〇一七年）

＊5　神部紅「無力感を打ち破る」（二〇一四年一月九日）

https://ameblo.jp/kokkororen/entry-11746326556.html

＊6 日本労働弁護団「〈緊急声明〉労働時間の規制を緩和する『裁量労働制拡大』だけではなく『高プロ』も撤回することを求める」（二〇一八年三月五日）
http://roudou-bengodan.org/proposal/#y_2018

＊7 裁量労働制は高度プロフェッショナル制度とは異なる働き方だが、「みなし労働時間制」の働き方であり、一定の時間働いたものとみなされる働き方だ。「みなし労働時間」が八時間である場合、実際に九時間や一〇時間働いたとしても、その実際の残業時間に対して残業代を支払う必要が、使用者にはなくなる。
その裁量労働制も「働き方改革」の法案によって安倍政権は拡大しようとしていたのだが、こちらは第4章で述べるデータ問題の紛糾によって、法案から削除されることとなった。

＊8 「裁量労働制等の労働時間制度に関する調査結果　労働者調査結果」（調査シリーズNo.125）
なお、この調査結果報告書はPDFで全文が公開されているが、紹介した自由記述の内容は報告書に収録されていなかった。そこで立憲民主党の長妻昭議員らが国会審議に関連して公開を求めたところ、二〇一八年四月一六日に労働政策研究・研修機構『「裁量労働制等の労働時間制度に関する調査（労働者調査及び事業場調査）（平成二五年一一月中旬～一二月中旬実施）』の自由記述項目二次集計結果」（https://www.jil.go.jp/johokokai/research/index.html）として公開された。

第3章

＊9 やまだ紫『しんきらり』（やまだ紫選集）（小学館クリエイティブ、二〇〇九年）などにまとめられている。

＊10 やまだ紫『愛のかたち』（PHP研究所、二〇〇四年）

＊11 コミック単行本は講談社より、二〇一三〜二〇一七年に第一〜九巻で刊行。その後、二〇一九年一月二五日発売の『Kiss』三月号（講談社）から連載再開。TBS系列によるドラマ化は、二〇一六年放送。

＊12 杉山春『児童虐待から考える』（朝日新書、二〇一七年、八六頁）

＊13 杉山春『ルポ 虐待』（ちくま新書、二〇一三年、二六五頁）

＊14 杉山春『児童虐待から考える』（前掲、三三頁）

＊15 『労働法律旬報』（No.1849、二〇一五年一〇月号）

＊16 「座談会 いまなぜ生活時間なのか？」『労働法律旬報』（前掲、二二頁）

＊17 財務省「福田事務次官に関する報道に係る調査について」（二〇一八年四月一六日）https://www.mof.go.jp/public_relations/ohter/20180416chousa.html

＊18 財務省「福田前事務次官に対する処分について」（二〇一八年四月二七日）https://www.mof.go.jp/public_relations/ohter/20180416chousa.html

＊19 【財務次官セクハラ疑惑】「名乗り出た場合、本人に不利益が生じる二次被害につながる懸念が消えない」記者クラブ抗議文全文（産経新聞、二〇一八年四月一八日）

＊20 https://www.sankei.com/economy/news/180418/ecn1804180026-n1.html
新聞労連「（声明・見解）『セクハラは人権侵害』財務省は認識せよ」（二〇一八年四月一八日）
http://www.shinbunroren.or.jp/seimei/180418.html

＊21 新聞労連「（声明・見解）セクハラに我慢するのはもうやめよう」（二〇一八年四月二二日）
http://www.shinbunroren.or.jp/seimei/180422-1.html

＊22 民放労連「（声明）財務次官セクハラ疑惑と政府の対応に強く抗議する」
（二〇一八年四月一八日）http://www.minpororen.jp/?p=798

＊23 開催の趣旨と実行委員会のメンバーは、こちらから確認できる。
ＷＡＮ（ウィメンズアクションネットワーク）「【4／23月】セクハラ被害者バッシングを許さない4・23緊急院内集会のご案内」（二〇一八年四月二一日）https://wan.or.jp/article/show/7828

＊24 「#MeToo セクハラ被害者バッシングを許さない4・23緊急院内集会」
https://www.youtube.com/watch?v=JtA_JO9pORA&feature=youtu.be

＊25 「#私は黙らない0428 #MeToo #WithYou MY BODY MY CHOICE. ENOUGH IS ENOUGH. FUCK SEXISM ２０１８年4月28日」https://www.youtube.com/watch?v=Fayopj-xn9Y

第4章

＊26 ここに引用したのは、「デモが日本を変える——柄谷行人氏『9・11原発やめろデモ』でのスピーチ」（associations.jp事務局、http://associations.jp/archives/437）に収録された柄谷行人氏のスピーチの

オリジナル原稿である。実際のスピーチ映像も併せて収録されているが、一部、聞き取りにくい箇所があるため、オリジナル原稿に従った。ただし「(なぜ)」については、スピーチ映像より補った。

＊27 ここではふれる余裕がないが、韓国については、『タクシー運転手』、『1987、ある闘いの真実』、『共犯者たち』という三つの映画(いずれも二〇一七年に韓国公開)を、ぜひ観ていただきたい。

＊28 「国際平和支援法」と「平和安全法制整備法」の総称。政府与党はこれを「平和安全法制」と呼び、野党は「安保法制」や「戦争法」と呼んだ。一括法として二〇一五年九月一九日の未明に可決・成立。

＊29 「我が国及び国際社会の平和安全法制に関する特別委員会公聴会」。発言の全体は、「国会会議録検索システム」から検索することによって見ることができる。

＊30 上西充子「審議中の職業安定法改正案で固定残業代問題や求人詐欺問題は果たして改善に向かうのか?(参考人意見陳述)」(二〇一七年三月一四日)https://news.yahoo.co.jp/byline/uenishimitsuko/20170314-00068670

＊31 上西充子「データ比較問題からみた政策決定プロセスのゆがみ:裁量労働制の拡大は撤回を(公述人意見陳述)」(二〇一八年二月二一日)https://news.yahoo.co.jp/byline/uenishimitsuko/20180221-00081859

＊32 上西充子「統計の信頼性回復のためには、政府と与党はまず『不都合な事実』に向き合え」(二〇一九年二月二六日)https://hbol.jp/186676

＊33 詳しくは、上西充子「裁量労働制　拡大でなく限定を　実態映したデータを出発点に」『Journalism』(二〇一八年五月号)。ただし、二月一日の時点で山井和則議員が、この答弁データの問題について質問主意書を提出しており、私は「第一発見者」というわけではない。

＊34 労働政策研究・研修機構「裁量労働制等の労働時間制度に関する調査結果　労働者調査結果」

＊35 上西充子「裁量労働制の方が労働時間は短いかのような安倍首相の答弁。撤回は不可避だが、事務方への責任転嫁は間違い」（二〇一八年二月一〇日）
https://news.yahoo.co.jp/byline/uenishimitsuko/20180210-00081478

（調査シリーズ No.125）（二〇一四年五月）

＊36 なお、いち早くこの問題に注目したＴＢＳラジオ「荻上チキ・Session-22」には、私は答弁撤回前の二月一二日からスタジオゲストとして迎えられた。

＊37 詳しくは二〇一八年二月一九日の衆議院予算委員会の議事録と、二〇一八年五月一〇日の下記からの連続ツイートを参照。https://twitter.com/mu0283/status/994545689131536384

＊38 厚生労働省報道発表資料「裁量労働制データの不適切な比較等に関する関係者の処分について」（二〇一八年七月一九日）

＊39 https://news.yahoo.co.jp/byline/uenishimitsuko

＊40 https://www.facebook.com/gaku.hashimoto.3/posts/1944583782282857

＊41 「『野党が執拗に求め作成』と投稿　不適切データで自民・橋本氏」（共同通信、二〇一八年五月八日）

＊42 「過労死遺族に『週休7日が幸せか』『ワタミ』創業者・渡辺氏が謝罪」（朝日新聞、二〇一八年三月一七日朝刊）

＊43 「裁量労働制：厚労省データ問題　法大教授、自民部会長に抗議」（毎日新聞、二〇一八年五月一二日朝刊）、「上西教授『圧力容認できない』裁量労働制データ問題、自民・橋本氏のＦＢ投稿めぐり抗議」（弁護士ドットコムニュース、二〇一八年五月一一日）

＊44 なお、このとき相談に乗っていただいた佐々木亮弁護士、嶋﨑量弁護士、竹村和也弁護士が所属する日本労働弁護団は、無料の電話相談（ホットライン）を設けている。

＊45 http://www.hosei.ac.jp/gaiyo/socho/message/180516.html

＊46 http://www.meiji.ac.jp/gakucho/info/2018/6t5h7p0000rtv69.html

＊47 「議論白熱！ 働き方改革法案～最大の焦点〝高プロ制度〟の行方～」（二〇一八年五月三〇日放送）。出演は、竹中平蔵（東洋大学教授）・上西充子（法政大学教授）・吉田浩一郎（クラウドワークス社長、新経済連盟理事）・棗一郎（日本労働弁護団幹事長）。肩書きは番組の記載通り。番組全体の書き起こし記事がＮＨＫより公開されている。
https://www.nhk.or.jp/gendai/articles/4138/

＊48 二〇一八年五月二六日の新聞各紙の画像はこちら。
https://twitter.com/mu0283/status/1000122651552067584

＊49 当日の映像と、その後の活動の展開については、YouTubeの「国会パブリックビューイング」のチャンネルをご覧いただきたい。

＊50 映像と文字起こしは、こちらを参照。「文字起こし：国会パブリックビューイング『第1話 働き方改革―高プロ危険編―』（本編55分）」
https://note.mu/mu0283/n/n55adb2faad08?magazine_key=m792d49859a65

第5章

＊51 https://news.yahoo.co.jp/byline/uenishimitsuko

＊52 上西充子「職業安定法改正による求人トラブル対策と今後の課題」『季刊・労働者の権利』（Vol.324、二〇一八年一月）

＊53 『国会が終わったからって知らんぷりさせない』上西充子法政大教授が語る、『国会可視化』の意味」ハーバー・ビジネス・オンライン（二〇一八年八月一四日）https://hbol.jp/172836

＊54 上西充子「裁量労働制の拡大に向けた政府の再挑戦が始動。結論ありきを許すな」ハーバー・ビジネス・オンライン（二〇一八年一〇月一日）https://hbol.jp/175763

＊55 『逃げるは恥だが役に立つ　シナリオブック』（講談社、二〇一七年）

第6章

＊56 シナリオ・ブックとして、坂元裕二『カルテット』（1・2）（河出書房新社、二〇一七年）がある。

呪いの言葉の解きかた文例集

「呪いの言葉」と「切り返しかた」

※「＃呪いの言葉の解き方」サイト
（@tokitaro さんまとめ）より抜粋。
分類は本書に合わせた。
http://hash-kotoba.thyme.jp

労働をめぐる呪いの言葉

お金をもらえるだけありがたいと思え

労働への対価を値切りたいのですね

嫌なら辞めればいい

☞「どうせ辞められないんだろ？　だったら理不尽にも耐えろ」
というわけですね。

選ばなければ仕事はある

☞モノを言わず、働き続ける労働者を選びたいのですね
☞仕事を選ぶ権利を奪うつもりですか？
☞仕事を選べない状態はよくないと思うのですが？
☞あなたは「人たるに値する生活」を求めることまで、否定されますか？
……しないですよね？

ダラダラ残業する人が残業代を多くもらうって、不公平だよね

☞残業代なんて払いたくないわけですよね。わかります（ニコリ）
☞残業させたらその分の残業代を払う、当たり前のことじゃないですか
☞働いた分のカネくらい払え

残業代は時間内に仕事を終えられない、生産性の低い人への補助金／残業代という補助金を出すのも一般論としておかしい

仕事を人にさせといて、その仕事に見合った給与も与える気がない。仕事の指示を出しながら利益が出せないという経営者の我儘《わがまま》を聞くのも一般論としておかしい

働き方改革

人件費圧縮

岩盤規制に穴をあける

岩盤規制じゃない。セーフティネットだ。それに穴を開けて壊すといつか人の命が失われる

政治をめぐる呪いの言葉

デモに行くなんてよっぽど暇なんですね

よっぽどデモをして欲しくないんですね

デモの効力を知ってるんですね

デモなんかで何が変わるの？／デモで世の中は変わらない

デモにも行かずに何かが変えられると思うの？

私の気持ちは変わったよ。もう黙って我慢したりしないから

そんなにデモが怖いんですね。さあ、今日も頑張るぞ

変えてほしくないから行くの

マルティン・ルーサー・キングJr.の功績を全否定するような嘘をついてでも、

デモを弾圧したいってことですね。
デモが拡がって世の中が正される事がよっぽど恐いんですね

結局選挙で勝つしかないでしょ？

選挙まで黙っていろと？　嫌です

政治の話はしたくない

じゃあ暮らしの話をしましょうか

〇〇を政治利用しないで

あなたが生きていく上で政治に関係ないものなんてあるんですか？

野党はLGBT、性暴力被害者、過労死遺族、etc.の政治利用をやめろ！

国会議員が国民を利用するのではない。国民が国会議員を利用するのだ

野党は反対ばかり

与党は賛成ばかり

この事態に抗議すらしないんじゃ何のために国会議員やってるのさ

野党はパフォーマンスばかり

野党がこの法案に反対していることの意味を、国民が考えてしまうと困るわけですね。わかります

野党はモリカケばかり

👇 モリカケ追及だけは、どうかもう勘弁して、というわけですね

👇 モリカケを国会で取り上げられるのは、そんなに嫌なことなんですね、なるほど

モリカケばかりで国会が進まない

👇 モリカケ以外は進んでますよ。なんでモリカケは進まないのかなあ

野党は18連休しておいて国会延長に反対するのか

👇 与党は3ヵ月も臨時国会から逃げるのか

仮定の質問には答えない

☞仮定の話ができない方に政治家の資格がおありだとお考えですか？

コメントせず

☞黙っていれば沈静化して国民は忘れてしまうと考えているのですね！

追及をかわした

☞説明責任の放棄ですね

事実に基づき、丁寧な上にも丁寧な説明をしていく努力を重ねていきたい

☞私が求めているのは、丁寧な説明ではなく、

質問とかみ合った、的確な返答です

枝野演説って議事録で読めるのに、わざわざお金出して買う意味なんかないよね

書店に平積みになって話題になり、
国会の実情が明らかになるのが嫌なんですね。わかります

沖縄の経済は基地に依存している

米軍基地は沖縄の経済発展の最大の阻害要因

辺野古の他にも埋め立てはある。
なぜ辺野古の埋め立てに反対し、他の埋め立てには反対しないのか

辺野古埋め立てに反対することは、
他の埋め立てに賛成することではないですね

その他の呪いの言葉

女性は権利ばかり主張するようになった

今まで男が女性の権利を奪ってきましたからね

逆らっても無駄

圧力に、随分と自信がおありですね

恥をかくぞ

圧力が可視化されて恥をかくのは、あなたの方ですよ

私は恥をかくことを恐れません。

なぜなら、私自身が成長できる糧だと考えているからです。
あなたは恥をかくことを恐れているのですか？

そんな初歩的な事も知らないのかぁお前（笑）

👇 あなたに相談すると〝聞くは一時の恥〟では済みそうにないので、次回からは別の人に相談することにしますね

不快な思いをさせたとすれば／誤解を与えたとすれば

👇 自分の非は認めたくないのですね

👇 私が誤って理解したということですか？

👇 「不快に感じる方が過剰。誤解をする方がどうかしていると思うけどとりあえず謝罪のような言葉を発しておく」という意味ですか

決まっているものは変えられない

☞ それ、どうやって決めたの？　誰が何のために決めたの⁇

本人がデマでないと証明すべきだ

☞ いや、あなたの言葉の責任を負ってください

政治を語っちゃうの？／組合なんて／自己主張するヤツは浮くよ？／カネのために働くのか／従業員は家族のようなもの

☞ 「おとなしく従え」、というわけですね。あなたには好都合でしょうが、私はそれでは不都合です

上西充子

うえにし・みつこ

1965年奈良県生まれ。東京大学大学院経済学研究科第二種博士課程単位取得中退。
日本労働研究機構（現在の労働政策研究・研修機構）研究員を経て、2003年に転職。
現在、法政大学キャリアデザイン学部教授、同大学院キャリアデザイン学研究科教授。
2017年3月に衆議院厚生労働委員会にて、2018年2月と2019年2月に衆議院予算委員会にて、
意見陳述（順に、求人トラブル問題、裁量労働制データ問題、統計不正問題）。2018年6月より、
国会パブリックビューイング（@kokkaiPV）代表。著書に、『大学生のためのアルバイト・
就活トラブルQ&A』（石田眞・浅倉むつ子との共著、2017年、旬報社）、
監修に『10代からのワークルール』（2019年、旬報社）など。
『Yahoo! ニュース 個人』（https://news.yahoo.co.jp/byline/uenishimitsuko/）や
『ハーバー・ビジネス・オンライン』（https://hbol.jp/）に「働き方改革」など時事問題を寄稿。

呪《のろ》いの言葉《ことば》の解《と》きかた

2019年 5 月25日　初版
2020年11月20日　7 刷

著　者　上西充子

発行者　株式会社晶文社
東京都千代田区神田神保町1-11　〒101-0051
電話　03-3518-4940（代表）・4942（編集）
URL　http://www.shobunsha.co.jp

印刷・製本　中央精版印刷株式会社

ISBN978-4-7949-7088-6　Printed in Japan